권미숙 · 조정연 지음

리더스가이드

머리말

　우리 두 사람은 어린이 책을 공부하는 어른으로 만나 '어떻게 하면 아이들에게 좋은 책을 재밌게 들려줄까?'를 고민하며, 30년 가까운 시간을 아이들에게 책 읽기와 글쓰기를 가르치며 살았습니다.

　그림책을 읽어 주고, 딱딱한 독후감 숙제에서 벗어나 진정한 책의 즐거움을 온몸으로 느끼도록 다양한 강의와 독후활동을 하면서 아이들과 함께했습니다. 처음 독서교육을 시작한 90년대 초반에는 지금처럼 읽어 줄 만한 그림책이 많지 않았고 주로 전집으로 묶인 번역서들이 많아 좋은 책 한 권을 만나면 그렇게 기쁠 수가 없었습니다. 지금은 쉽게 좋은 책을 만날 수 있고, 누구나 전문가 수준으로 책을 고를 수 있게 되었으니 고맙고 반가운 일입니다.

　그때나 지금이나 부모님들에게 받는 질문은 비슷합니다. 우리 아이들이 책을 좋아하고 재미있게 읽을 수 있는 방법을 알려 달라는 것이지요. 더군다나 '스마트' 기기들의 등장으로 아이들이 책과 가깝게 하는 데 어려운 환경이라, 좋은 안내가 더욱 필요해집니다. 이 책에서는 부모님들이 자주하는 고민과 질문에 대한 답으로, 독서습관이 형성되는 중요한 시기인 유아기와 아동기에 할 수 있는 다양하고 재밌는 독후활동을 소개하고 있습니다.

　얼마 전 병원대기실에서 진료 순서를 기다리며 유치원생 딸에게 책을 읽어 주는 아빠를 보았습니다. 정말 멋진 아빠라고 엄지손가락을 번쩍 들어 주었습니다. 행복하고 아름다운 장면이었습니다. 누구나 이런 아빠가 될 수 있습니다. 이 책은 아이들이 책 읽기를 즐기고, 좋아하게 하려는 부모와 교사들이 쉽고 흥미롭게 접근할 수 있도록 구성하였습니다. 1장에서는 유아기 독서교육의 바른 관점과 그림책 선정에 관해 이야기 하고 있습니다. 2장에서는 활동과 주제에 따라 그림책을 소개하고, 독후활동 전 과정을 사진으로 자세히 소개하고 있습니다. 또 도서별 독후활동이 갖는 효과와 주의사항을 자세히 정리하여, 초보 엄마들도 쉽게 따라 배울 수 있도록 구성하였습니다.

　부모님들이 늘 어려워하는 독후활동을 사진을 보며 쉽게 할 수 있습니다. 저희가 드리는 방법에 따라 직접 사진을 찍어 보내주신 부모님들이 계셔서 더욱 현실감이 높아졌습니다. 아이들의 행복한 순간을 사진에 담아 주신 부모님, 멋진 순간 놓치지 않고 사진 찍느라 애쓰신 박경은 선생님, 교정하느라 애쓰신 오혜나 선생님께 감사의 마음 전합니다. 책이 나오기까지 도와주고 격려해 준 친구와 가족들에게도 감사의 마음을 전합니다.

차례

1부 • 그림책 독후활동 어떻게 할까요?

1. 아이에게 좋은 독서 교육이란? • 8
2. 아이에게 좋은 그림책이란? • 19
3. 즐겁고 창의력이 높아지는 독후활동이란? • 24

2부 • 그림책 독후활동

I 뚝딱 만들기 놀이 • 34

1. 퍼즐 만들기 • 36
2. 표정 가면 만들기 • 40
3. 토끼 인형 만들기 • 44
4. 몸뜨기 • 48
5. 동물 지도 만들기 • 52
6. 자석 인형 만들기 • 56

II 쉽고 재미있게 그림 그리기 • 60

1. 글루건으로 그리기 • 62
2. 색연필로 그리기 • 66
3. 사포에 그리기 • 70
4. 색모래로 꾸미기 • 74
5. 과자로 그리기 • 78

III 말하기·듣기·쓰기 • 82

1. 옛이야기 들려주기 • 84
2. 다음 장면 대사 말하기 • 88
3. 귓속말하기 • 92
4. 마주 이야기 • 96
5. 마음 말하기 • 100

IV 책 만들기 • 104

1. 팝업책 만들기 • 106
2. 아코디언 책 만들기 • 110
3. 실로 엮은 책 만들기 • 114
4. 사진 책 만들기 • 118
5. 병풍 책 만들기 • 122
6. 작은 책 만들기 • 126

★ 책 만들기 • 130

V 다 함께 노는 놀이 • 134

1 몸놀이 • 136
2 전래놀이 • 140
3 그림자놀이 • 144
4 상황극 놀이 • 148
5 역할극 놀이 • 152
6 엄마 놀이 • 156
7 병원 놀이 • 160
8 피자 놀이 • 164
9 소꿉놀이 • 168

★ 연극, 역할극 • 172

VI 요리하며 놀기 • 176

1 만두 만들기 • 178
2 도넛 만들기 • 182
3 송편 빚기 • 186
4 빵 만들기 • 190
5 두부 과자 만들기 • 194

VII 선물 만들며 놀기 • 198

1 친구를 위한 조커 • 200
2 나만의 책도장 • 204
3 풀잎 무늬 손수건 • 208
4 한지 필통 • 212
5 할머니를 위한 부채 • 216

VIII 책만 있으면 할 수 있는 놀이 • 220

1 표지 그림으로 책 제목 맞히기 • 222
2 자장가 들려주기 • 226
3 아빠와 몸놀이 • 230
4 그네 타기 • 234
5 심부름하기 • 238
6 파마하기 • 242

VIIII 그림책 읽고 체험활동하기 • 246

1 시골 체험 • 248
2 천연 염색 체험 • 252
3 도자기 체험 • 256
4 도서관 이용하기 • 260
5 자연사박물관 견학 • 264
6 우리 동네 지도 만들기 • 268
7 동물원 나들이 • 272

1

그림책 독후활동 어떻게 할까요?

1 아이에게 좋은 독서 교육이란?

가. 좋은 독서 습관을 키울 수 있는 네 가지 방법

처음, 아이가 선물처럼 우리에게 온 날을 기억하세요? 속싸개에서 꼬물거리던 그 작은 생명체가 점점 일어날 때를요. 제 힘으로 첫발을 떼던 날, 처음 엄마나 아빠를 부르던 날, 혼자서 자전거를 타고, 삐뚤빼뚤 제 이름을 쓰면서 유치원에 입학하던 날. 그때마다 아이를 보며 느끼는 감동과 흥분, 그리고 가슴속으로 뻐근하게 밀려오던 행복은 말로 다 표현하기 어렵습니다.

그러나 행복감을 느끼는 만큼 아이를 바르고 훌륭하게 키워야 한다는 부담 또한 부모의 마음을 바쁘게 합니다. '어떻게 하면 아이를 잘 키울 수 있을까?' '그림책을 읽어 줄까?' '이야기를 들려줄까?' '음악을 들려줄까?' '악기를 배우게 해야 할까?' 꼬리에 꼬리를 물고 생각에 빠지게 됩니다. 고민을 하는 만큼, 아이는 엄마 아빠의 정성스러운 마음을 느끼며 쑥쑥 자랍니다.

육아 서적을 뒤적이고, 아이를 먼저 키운 선배들에게 귀동냥을 하고, 옆집 엄마에게 조언을 구하고, 온 맘을 다해 밤마다 아이에게 이야기를 들려주고, 책을 읽어 주고, 여행을 하고, 건강에 좋은 음식을 골라 주면서 양육에 정성을 다합니다. 이렇게 정성을 다하는 것은 아기가 자라서 당당히 자기 몫을 하고, 행복하게 살아가기를 바라기 때문이지요. 아이가 행복하면 부모도 행복해지고, 또 부모가 행복하면 그것을 보는 아이에게 큰 영향을 미칩니다.

아이에게 만들어 주고 싶은 좋은 습관은 밤하늘의 별만큼이나 많습니다. 아이에게 가장 행복한 습관은 책 읽는 습관이라는 것에 다른 의견은 없을 겁니다. 이 책에서 우리는 더없이 풍부한 즐거움을 주는 '행복한 책 읽기'에 대해 이야기하려고 합니다.

"책을 통해 나는 인생에 가능성이 있다는 것과, 세상에 나처럼 사는 사람이 또 있다는 것을 알았다. 독서는 내게 희망을 줬다. 책은 내게 열린 문과 같았다." - 오프라 윈프리

부모는 모든 가능성이 열려 있는 세상의 문을 아이에게 선물하고 싶어 합니다. 사랑스러운 아이가 세상의 지식, 정보, 지혜로운 이야기를 배워 현명하고 행복해지길 바라기 때문이지요. 그것을 우리는 공부라고 합니다. 부모가 아이에게 알려 줄 수 있는 세상의 이야기와 경험은 무궁무진합니다. 현실에서 부모가 이 모든 것을 전해 줄 수는 없지만, 아낌없이 해내려고 노력하는 것이 부모입니다.

가장 노력을 기울이는 것은 독서입니다. 책 읽는 아이는 상상력이 풍부해지고, 생각이 논리적이 되고, 표현력이 높아지고, 지혜가 풍부해질 것이라고 기대합니다. 그래서 부모는 아이에게 도움이 될 독서 교육을 열심히 배우려고 합니다. 책을 사서 책꽂이에 가득 꽂아 놓고, 도서관을 방문하고, 밤마다 책을 읽어 줍니다.

그러나 부모의 노력과 달리 가정에서 이루어지는 독서 교육이 성공적인 경우는 많지 않습니다. 몇 가지 중요한 이유 때문입니다.

●●● 책을 좋아할 수 있는 환경이 필요합니다

"아이가 초등학교에 입학하면 스마트폰을 사 줘야 하지 않을까요? 폰이 없으면 친구들과 연락이 잘 안 되고 친구 사귀는 데도 문제가 생길 수 있고, 혹시 왕따라도 당하면 어떡해요? 그런데 스마트폰을 사 주면 게임에 빠지거나 카톡을 자주 한다는 선배들 얘기가 있어서, 사 줘야 할지 말아야 할지 고민이에요."

초등학교 입학을 앞둔 아이의 부모님은 대부분 스마트폰 문제를 고민합니다. 스마트폰이 없으면 친구들 사이에서 왕따가 될까 걱정합니다. 아이는 다 자란 것이 아니라 지금 자라고 있는 중입니다. 눈앞에 보이는 수많은 유혹을 잘 견디기란 그리 쉽지 않습니다. 아이 가까이 재미와 자극이 가득한 환경을 만들어 놓고, 유혹을 물리치고 견디라고 하는 것은 아이에게 무리한 요구입니다.

독서 습관을 만드는 데 제일 중요한 것이 무엇일까요? 당연히 환경입니다. 거실에는 TV가, 방에는 컴퓨터가 켜져 있는 상황에서 스마트폰을 든 아이가 스스로 책 읽기를 바라는 것은 미래의 사람이 현재로 오는 영화 〈터미네이터〉만큼이나 비현실적입니다. 부모가 아이에게 책 읽는 모습을 보여 주는 것이 가장 중요합니다. 그러지는 못하더라도 자극적인 전자 기기에 노출된 환경이 아이의 독서를 방해하는 것은 분명합니다.

●●● 많이 읽는 것보다 계속 읽는 것이 중요합니다

학부모가 아이에게 독서 교육을 하려고 할 때, 성공과 실패는 주로 독서 지도를 일관성 있게 실천할 수 있는가에 달려 있습니다. 부모가 아무리 열심히 강의를 듣고 상담을 받아도 일관된 실천에 이르지 못하면 헛된 노력이 됩니다. 습관은 아무도 모르게 거실에 소복이 쌓이는 먼지처럼 형성됩니다. 그래서 어느 날 폭풍처럼 여러 권을 아이에게 읽어 주기보다는, 매일매일 한두 권씩 꾸준히 읽어 주는 것이 중요합니다. 독서하는 습관이 독서하지 않는 습관을 대체해야 합니다.

●●● '재미'를 느끼는 독서여야 합니다

아이가 책을 좋아하게 만들려면 책이 즐겁고 재미있어야 합니다. 즐겁고 재미있는 책은 아이가 공감할 수 있는 인물이 등장하고 이야기 구성이 흥미롭습니다. 특이하게도 아이들이 어른보다 작가의 정성을 잘 느끼고, 그림과 언어 표현이 첫 장부터 마지막 장까지 잘 어우러진 도서를 먼저 알아봅니다. 그래서 영·유아기에는 부모님이 아이에게 필요하다고 생각하는 책보다는, 아이가 읽고 싶어 하고 재미를 느끼는 책 중심으로 읽어 주는 것이 좋습니다.

"선생님, 우리 진이는 공주가 나오는 책만 좋아해요."
"선생님, 우리 성희는 과학 책만 좋아해요."
"선생님, 우리 아이는 자동차 나오는 책만 좋아해요."

초등학교 입학 전 아이를 둔 부모님은 대부분 이런 말씀을 합니다. 아이마다 다 특성이 다릅니다. 과학 책이 더 좋은 아이도 있고, 공주가 나오는 책을 좋아하는 아이도 있는 거지요. 섣불리 다양하게 읽으라고 강요하다보면 책 읽는 재미를 잃을 수도 있습니다. 아이들은 자기가 좋아하는 분야의 책만 읽으면서도, 조금씩 시간이 지나면서 독서의 폭이 넓어지고 다른 종류의 책도 잘 받아들입니다.

● ● ● 창의적이고 즐거운 독후활동으로 이어져야 합니다

　제 아이가 여섯 살 때 한동안 인형극 놀이에 열심이었습니다. 인도 우화《일곱 마리 눈먼 생쥐》를 읽고, 보름달이 뜬 날 밤 아파트 베란다를 무대 삼아 그림자극을 함께 해 보았습니다. 책을 읽고 생쥐 일곱 마리와 코끼리를 두꺼운 종이에 그린 뒤 가위로 오리고, 부엌 서랍에 늘 굴러다니는 나무젓가락에 생쥐와 코끼리를 붙여 막대 인형을 만들었습니다. 보름달이 뜬 밤에 베란다 넓은 창에 전지를 붙이고, 집 안에 있는 전등을 모두 끄고 온 가족이 옹기종기 거실에 모여 그림자 인형극을 시작했습니다. 아이들이 생쥐와 코끼리 역을 맡고, 베란다로 나가서 달빛을 조명 삼아 막대 인형을 거실 창에 비추고, 책에 나오는 내용에 따라 대사를 했습니다. 그 어떤 영화나 연극보다 감동적인 분위기가 연출되어 기뻐했던 기억이 납니다. 아이는 이 경험을 한 뒤 몇 개월 동안 보름달이 뜨는 날이면 그림자 인형극을 하기 위해 낮부터 막대 인형을 만들곤 했습니다.

　독후활동이 좋다고 하지만, 고학년이나 중학생을 위한 독후활동은 유아에게 맞지 않습니다. 어설프게 책 읽기를 통해 성적을 올리려는 활동도 무리하게 되면 독서를 싫어하게 합니다. 매번 그림책을 통해 한글을 가르치려 한다거나, 그림책에 등장하는 오리를 세며 숫자를 가르치려 하는 경우입니다. 학습과 연관된 독후활동뿐만 아니라 아이의 독서력을 높인다는 이유로 책을 읽을 때마다 전체적인 내용 파악을 요구하거나, 어려운 질문을 하거나, 글을 쓰게 한다거나 등등의 경우도 아이의 독서 발달에 장애가 될 수 있습니다.

책 읽는 분위기가 가득한 집, 독서에 대한 부모의 꾸준한 관심, 좋은 그림책에 대한 이해, 다양하고 창의적인 독후활동에 대한 적극적인 활용이 갖춰지면 아이는 좋은 독서 습관을 가질 수 있습니다.

나. 그림책을 통해 교감하기

그림책은 글을 읽지 못하는 아이가 눈으로 보고, 부모가 읽어 주는 내용을 귀로 들으며 읽을 수 있는 책입니다. 그래서 어떤 아이도 충분히 이해하고 느낄 수 있습니다. 그림책에 들어 있는 글은 대부분 박자와 운율을 가지고 있어, 듣기에도 알맞습니다. 그림책에 쓰인 문장이나 낱말이 단순한 것 같지만 단어 하나, 표현 하나까지 이야기와 그림에 맞추어 세심하게 선택됩니다. 그래서 좋은 책을 골라 부드럽고 따뜻한 엄마 아빠의 목소리로 평범하게 읽기만 해도 충분한 독서 지도가 됩니다.

그림책은 남녀노소 누구나 좋아할 수 있는 책입니다. 오래전 유리 슐레비츠의《새벽》이라는 책을 보면서 깊은 감동을 받은 적이 있습니다. 서서히 새벽이 오는 장면을 그림과 색을 통해 온몸으로 느낄 수 있었습니다. 할아버지와 아이가 아침이 되어 잔잔한 호숫가에서 노를 저으며 나아가는 장면을 볼 때, 일상에서 느끼는 피로감을 풀어 버릴 수 있었습니다.

제 아이도《새벽》이라는 책을 무척 좋아했습니다. 다섯 살인데도 책을 늘 곁에 두고 읽으면서 문장을 모두 외우더군요. 어느 날은 거실에서 뒷짐을 지고 '고요하다, 조용하다, 축축하다'라고 책에 나오는 문장을 중얼거리며 걸어 다녀 온 가족을 웃게 했습니다. 몇 년 뒤 아이가 초등학교에 들어간 후 강원도로 여행을 가는 길이었습니다. 차에서 잠을 자는 아이를 억지로 깨웠더니 조용히 뒷자리에 앉아 있던 아이가 소리쳤습니다.

"아, 이제 새벽이구나!"라고요.

아침을 맞이하는 하늘과 들판을 보며 그림책의 '새벽'을 떠올린 겁니다. 유아 때 책으로 세상을 바라보았던 아이는, 대학생이 된 지금도 그때 읽은 그림책들을 모두 기억하고 재미있어합니다. 이처럼 그림책은 누구나 언제 읽어도 재미있습니다. 아이는 책을 읽어 주는 엄마의 목소리에서 사랑을 느낍니다. 아이는 그때 느끼는 행복감과 사랑을 오래도록 기억하는 경우가 많습니다.

태어날 때부터 책에 친숙한 아이들은 유아기 이후에도 책을 좋아할 수밖에 없습니다. 칭얼대는 아기에게 친숙한 목소리로 이야기를 들려주면 사르르 잠이 듭니다. 책 읽어 주는 엄마의 익숙한 목소리가 마음을 안정시켜 주기 때문입니다. 그림책은 아이의 독서 습관을 위한 첫걸음이 될 뿐만 아니라 아이 정서 발달에도 가장 완벽하게 도움을 줍니다.

다. 온 가족이 서로 책 읽어주기

아기가 태어나면 어른들은 자연스럽게 말이 많아집니다. 원래 말수가 없던 사람도 일부러 수다스러운 엄마가 됩니다. 아기에게 끊임없이 말을 걸어 주고, 아기와 눈을 맞추며 대화를 하고, 아기의 울음소리, 숨소리 하나에도 마음을 기울입니다. 그 조그맣고 예쁜 입을 오물거리며 옹알이를 하던 날의 감각은 잊을 수가 없지요. 똘망똘망 까만 눈으로 엄마를 바라보며 옹알이를 하는 아기에게 엄마는 무한한 감동과 사랑으로 대답을 해 줍니다. 아기는 지치지도 않고 눈을 맞추자고 하고, 엄마가 대답해 주면 마치 알아 듣는다는 듯이 방긋방긋 웃기도 합니다. 아기가 내는 소리를 따라 해 주고 옹알이에 대답을 많이 해 줄수록 아기가 옹알이를 더 많이 합니다.

이런 시기에 그림책을 통해 아름답고 다양한 언어를 경험하는 일은 매우 중요합니다. 그림책은 시처럼 아름다운 문장뿐 아니라, 동물의 흉내나 사물의 묘사 등 의성어와 의태어가 풍부한 언어 표현으로 이루어져 있습니다. 때문에 일상적으로 쓰는 언어들에서 느낄 수 없는 다양한 언어 체험을 제공합니다.

우리나라 가정에서는 주로 엄마가 아이에게 책을 읽어 줍니다. 엄마와 함께 보내는 시간이 많기 때문일 겁니다. 그러나 가끔은 엄마 외의 가족이 책을 읽어 주는 것도 필요합니다.

아빠가 아이를 무릎에 앉히고 책을 읽어 주면 아기는 아빠의 몸을 통해 안전하게 보호받으며 눈으로는 그림을 따라갑니다. 이야기를 들으면서 다양한 세상을 만나고 놀라움, 기쁨 같은 다양한 감정을 간접적으로 경험하게 됩니다. 아기는 생후 3개월까지 청각이 민감하고 7개월부터는 들은 것을 기억합니다. 과학자들은 아빠의 중저음에 태아가 더 잘 반응한다고 합니다. 엄마의 배 속에 있을 때에는 양수를 통해 중저음이 더 잘 전달되고 뇌를 자극하기 때문이지요. 태중에 있을 때 아빠가 책을 많이 읽어 주었다면 태어난 후에도 아빠의 목소리에 더 편안해하겠죠?

아빠와의 책 읽기는 영·유아기를 지나 청소년 시기의 책 읽기에도 큰 영향을 줍니다. 아기 때의 책 읽기는 사춘기에 아버지와 아이의 대화에도 영향을 미칩니다. 그런 의미에서도 그림책은 어떻게 놀아 줘야 할지 몰라서 당황해하는 아빠가 아기와 정서적으로 교감할 수 있게 합니다. 재미있게 읽어 줄 자신이 없어서 주저하게 된다면, 아빠

가 가장 잘 알고 있는 옛날이야기부터 시작해 보세요.

책을 읽어 주는 활동이 단지 독서를 하는 시간만은 아니지요. 아이가 온전하게 부모와 대화를 나누고, 부모의 정성스러운 마음을 온몸과 마음으로 느끼는 시간입니다.

아이가 초등학교 3학년 무렵이었습니다. 제가 몸살이 걸려 침대에서 나오지 못하자 아이는 자신이 읽던 책을 들고 안방으로 왔습니다.
"엄마 아프니까 내가 책 읽어 줄게."
아이는 아픈 엄마에게 위로가 필요하다는 것을 어떻게 알았을까요? 그리고 책을 읽어 주는 것이 위로가 된다는 것도. 몹시 소심하고 행동이 늦되던 아이가 밤마다 책을 읽어 주던 부모에게서 마음의 위로를 받았던 것일까요? 책을 읽어 주는 행동은 단지 독서 습관만의 문제는 아닌 듯합니다. 사랑하는 누군가가 내게 재미있는 책을 읽어 준다면 그것이 어른이든 아이든 감동적인 순간으로 기억됩니다.

아이가 한글을 익히면 아이 혼자 책을 읽게 하는 부모가 있지만, 이는 바람직하지 않습니다. 혼자서 읽을 수 있는 나이가 되어도 아이들은 어른이 읽어 주는 것을 좋아합니다. 단지 이야기가 재미있기 때문이 아니라 책을 읽어 주는 어른과 함께하는 시간을 좋아하기 때문이지요. 따라서 아이가 한글을 깨치더라도 어느 정도 나이가 될 때까지는 부모님이 읽어 주기를 권합니다. 그림책은 귀로 들으며 느끼는 또 다른 재미가 있다는 것을 잊지 않으셔야 합니다. 영유아기 때 형성된 친밀감을 기억하는 아이들은 이후 자라면서 부모님이나 선생님과 함께하는 책 읽기 시간도 즐기게 되고 책과 함께 몸도 마음도 자라게 됩니다.

라. 연령과 발달 단계에 맞게 책 읽기

아이들이 자라면서 연령과 발달 단계에 맞게 그림책도 달라져야 합니다. 연못에 은은히 퍼져 가는 물수제비의 물결처럼, 작고 단순한 이야기에서 크고 넓은 이야기로 나아가면서 다양한 세상을 보여 주는 책이 필요합니다.

● ● ● 0~3세

혼자 앉을 수 있게 되면 장난감처럼 갖고 놀 수 있는, 말랑말랑하고 느낌이 좋은 책을 손에 쥐여 주세요. 모든 걸 입으로 가져가는 시기에도 아이들은 그림책을 만져 보고 들여다보고 입으로 빨아 보며 책을 느낍니다. 책장을 넘길 줄 알게 되면, 한 장 넘길 때마다 다른 그림이 나타나고, 없어졌다가 다시 나타나는 '까꿍놀이' 같은 느낌으로 책을 대합니다. 이 시기의 아이들은 헝겊이나 비닐로 되어 있어 만지면 소리가 나는 그림책을 좋아합니다. 목욕할 때 물속에서 갖고 노는 인형이나 장난감도 그림책에서 본 것이라면 더 친숙하게 느낍니다.

● ● ● 4~5세

이때는 상상력이 최고로 발전하는 시기이므로, 상상력이 풍부한 그림책이 어울립니다. 이야기를 들으며 떠오르는 이미지를 그리고 상상의 나래를 펼칠 수 있도록 기다려 주세요. 상상력은 자기가 경험한 세계에서 출발해 그 너머 다른 것에 대한 호기심에서 발전합니다. 그림책에는 온 세상의 이야기가 들어 있습니다. 웃는 소리, 우는 소리, 으르렁거리는 소리, 자동차가 빵빵거리는 소리, 물 흐르는 소리, 강아지, 송아지, 오리,

생쥐 같은 동물이 내는 소리가 들어 있지요. 먹을 것, 입을 것, 탈것처럼 우리 생활에서 보고 듣고 겪게 될 것들이 어린아이들의 마음을 사로잡습니다. 일부러 가르치지 않아도 아이들의 마음은 이야기의 저편에서 상상의 나래를 펼치고 있는 모습을 볼 수 있습니다.

●●● 6~7세

요즘은 초등학교에 입학하기 전 한글을 깨치는 아이가 많습니다. 또한 읽는 책의 주제나 분야도 다양해집니다. 이 시기에는 그림책을 아이가 혼자 읽기도 하고 부모님이 들려주기도 합니다. 그리고 아이가 뚜렷하게 좋아하는 책이 생기고 반복적으로 읽는 책도 생깁니다. 간혹 아이가 같은 책을 반복해서 본다고 걱정하는 부모님이 있습니다. 하지만 이것은 이 시기에 보이는 아이들의 특징 가운데 하나이니 염려하지 않아도 됩니다.

●●● 초등 저학년

초등학생이 되었다고 해서 그림책이 다르지 않습니다. 동화는 초등 저학년을 구분하여 출판되는 경우가 있지만, 그림책은 대부분 연령을 특별히 구분하지 않습니다. 아이가 이전까지 읽던 그림책을 계속 읽게 해도 좋고요, 학교에서 배운 것과 연결된 주제의 그림책을 선택해서 읽게 해도 좋습니다.

아이에게 좋은 그림책이란? 2

아이들에게 그림책은 현실과 판타지를 넘나들며 이야기를 들려주는 친구이자, 세상을 향한 걸음을 시작하는 문입니다. 어른이 아이와 함께 책을 읽는다는 것은 아이에게 세상의 문으로 들어갈 용기를 주고 멋진 친구를 소개하는 일입니다. 어떤 친구를 소개하느냐는 어떤 그림책을 골라주느냐에서 시작합니다.

가. 그림만으로도 볼 수 있는 책

글자가 있든 없든 아이들은 책을 펼치면 그림에 눈을 둡니다. 그림을 먼저 읽는 거지요. 좋은 그림책은 한 장 한 장 페이지를 끝까지 넘기면 어떤 이야기인지 알 수 있어야 합니다. 외국어로 된 그림책이라 해도, 글자를 읽을 줄 모르는 아이도 그림만으로 내용을 이해할 수 있어야 합니다. 화려한 색채나 대단한 묘사를 말하는 것이 아닙니다. 또 책이라고 귀엽고 사랑스러운 것만 담을 필요는 없습니다.

정승각의 《까막나라에서 온 삽사리》는 어린이를 생각하는 작가의 정성이 가득 녹아 있는 책입니다. 삽사리라는 우리 토종개의 용맹하고 지혜로운 모험 이야기에 일식과 월식, 전통 오방색과 온갖 문양들, 그리고 글자 하나하나에서 느껴지는 섬세함까지, 좋은 책을 아이들에게 읽히려는 작가의 열정을 느낄 수 있습니다.

볼프 예를부르흐가 그린《누가 내 머리에 똥 쌌어?》도 어린아이들이 좋아하는 그림책으로, 글자를 몰라도 누구나 어떤 이야기인지 알 수 있습니다. 헬린 옥슨버리의《곰 사냥을 떠나자》도 글과 그림이 마치 한 몸처럼 읽히는 책입니다. 곰 사냥에 나선 가족의 발소리가 들리는 것 같고, 이불에 숨은 가족의 심장이 쿵쿵거리며 뛰는 것을 느낄 수 있습니다.

이렇듯 그림책의 문장과 그림의 관계가 정확하고, 묘사하는 내용에 맞게 그림으로 잘 그려져 있을 때 아이들은 그림을 보면서 소리를 듣고 감동을 느낄 수 있습니다.

나. 읽고 듣기 좋은 책

아이들은 들리는 대로 이해하고 받아들입니다. 들어도 이해할 수 없거나 재미가 없으면 듣지 않습니다. 작가가 알기 쉽고 재미있게 쓴 이야기는 집중해서 듣지만, 표현이 애매하거나 등장인물이나 줄거리에 생동감이 느껴지지 않는다면 금방 싫증을 냅니다. 그림책을 읽어 줄 때는 더 그렇습니다.

그림이 눈에 잘 들어오지 않는 책은 읽어 주는 사람도 재미가 없습니다. 비싼 값을 주고 산 것이 아까워 끝까지 읽는 일은 어른만 할 수 있는 일입니다. 그림책을 구입하기 전에 몇 분만 시간을 내서 읽어 보세요. 어린이를 위해 잘 만들어진 책은 어른이 읽어도 잘 읽히고 재미있습니다.

책 표지를 펼칠 때부터 신나는 이야기를 들을 '준비'를 하고 있던 아이의 마음이 갑자기 시들시들 이야기에 집중을 못 한다면 그것은 이야기 자체가 재미없거나, 글이 아이의 귀에 들리지 않게 잘못 쓰였기 때문이라고 봐야 합니다. 잘 쓴 이야기는 듣다 보면 저절로 이야기 속으로 빠져듭니다.

  특별히 옛이야기 그림책은 술술 읽혀서 귀로 솔솔 들어가야 합니다. '옛날 옛날에~' 하면서 이야기가 시작될 때 아이의 마음은 벌써 저 먼 옛날, 산속 어딘가에 호랑이가 살던 시절로 더듬어 갑니다. 옛이야기 그림책《팥죽할멈과 호랑이》는 널리 알려진 옛이야기를 서정오 선생님이 어린아이들을 위해 구수한 가락으로 말하듯이 다시 썼습니다. 구성이 반복되고 입말을 잘 살려 써서 어른들이 읽어 주기에 아주 좋은 예입니다.

다. 가치와 지혜를 잘 표현한 책

  사랑스러운 아이가 두 발을 씩씩하게 땅에 딛고 자신의 길을 찾아 행복하게 성장하려면 어떤 책이 필요할까요? 유아에게 주는 책이라고 해서 아름답고 사랑스러운 이야기만 하고 있다면 세상의 절반만 보여 주는 꼴이 됩니다. 힘든 모습에서도 용기를 얻을 수 있는 내용을 담은 그림책은 아이에게 세상을 보는 올바른 눈을 제공합니다.

  권정생 선생님의《강아지똥》에 나오는 말입니다.

  "강아지똥아, 너무 서러워 마라. 너는 어딘가에 꼭 쓰일 데가 있을 거야. 하느님은 쓸데없는 것은 하나도 만들지 않으셨어."

  강아지똥은 더 이상 내려갈 수 없는 가장 낮은 자리에서 아무짝에도 쓸모없이 돌담 구석에서 울고 있습니다. 세찬 비바람이 불던 날 강아지똥은 자기 몸을 고스란히 녹여 민들레 뿌리로 스며들고 별처럼 고운 꽃을 피우도록 도와줍니다. 아이들이 이 책을 읽을 때 마음속에는 섬세한 생각의 파동이 일어납니다. 보잘것없는 모습일지라도, 남이 인정해 주지 않아도 씩씩하게 자기 몫을 하는 모습을 보며 위로와 용기를 얻게 됩니다.

마리 홀 에츠의 《나랑 같이 놀자》는 친구를 사귀는 데는 가만히 기다리는 것도 방법이라고 이야기합니다. 숲 속에서 혼자 심심해하는 소녀는 가까이 있는 동물들에게 함께 놀자고 조릅니다. 그러자 모든 동물들이 놀라 도망칩니다. 우울해진 소녀가 조용히 앉아 있자 그 모습을 숨어서 지켜보던 동물들이 하나둘 경계심을 풀고 소녀의 곁에 다가옵니다. 부모의 보호를 받던 아이는 혼자 있게 될 때가 있음을 알 수 있습니다. 처음 유치원에 들어가 힘들어하는 아이와 이 책을 함께 본다면, 좋아하는 친구에게 다가갈 수 있는 용기와 지혜를 알려 줄 것입니다.

라. 정보를 창의적으로 알려 주는 책

아동문학에서는 아이들에게 읽히는 지식 정보 도서를 비문학으로 분류하지 않습니다. 왜일까요? 청소년이나 성인이 읽는 도서와 다르게, 어린이에게 지식과 정보를 쉽고 재미있게 알려 주기 위해서입니다. 아이들이 흥미를 갖도록 등장인물을 만들고 사건도 만들어 재미있는 이야기를 구성합니다. 아이가 이야기를 따라가면서 자연스럽게 지식이나 정보를 이해하도록 배려한 것이지요.

버지니아 리 버튼의 《작은 집 이야기》는 그림책이 얼마나 폭넓고 다양한 이야기를 담고 있는지 보여 주는 책입니다.

"이제 다시 해도, 달도, 별도 볼 수 있었습니다. 이제 다시 봄이 오고, 여름이 오고,

가을이 오고, 겨울이 오는 것을 볼 수 있었습니다."

작은 시골 마을에 길이 생기고 건물이 하나둘 들어서고 전철이 생깁니다. 아름다운 언덕에 있던 작은 집은 시간이 지나면서 외롭고 쓸쓸한 도시의 한쪽으로 밀려납니다. 작은 집 주변에 높은 빌딩이 세워지고 사람들은 분주히 움직이지만 작은 집에 사는 사람들은 즐겁지 않습니다. 어느 날 그 집을 지은 손자의 손자가 쓸쓸한 작은 집 곁을 지나게 됩니다. 그 손자는 작은 집을 다시 조용한 마을로 옮깁니다.

한 권의 책으로 사계절을 충분히 느낄 수 있고, 도시가 형성되는 과정을 살펴볼 수 있습니다. 잘 만들어진 책 한 권은 과학과 자연, 더불어 공해라는 현대 사회의 문제까지 담고 있습니다. 좋은 책은 다양한 지식과 정보를 쉽고 창의적으로 알려 줍니다.

3 즐겁고 창의력이 높아지는 독후활동이란?

가. 독후활동을 하면 정말 책을 좋아하게 되나요?

어느 날 6세 자녀를 둔 부모님이 제게 물었습니다.
"어떤 책을 더 사 줘야 할까요?"
저는 이렇게 대답해 주었습니다.
"이제 그 정도만 하세요."
집을 가득 메우고 있는 책들만 제대로 읽어도 어마어마한 독서가가 될 거라고 말해 주었습니다.

부뚜막의 소금도 집어넣어야 짜다는 속담이 있지요? 책도 마찬가지입니다. 독후활동이 왜 중요할까요? 태어나자마자 스스로 책을 좋아하게 되는 어린이는 흔치 않습니다. 누군가 아이들에게 책의 맛을 알려 주고 책 읽기의 즐거움을 느끼게 해 주어야 합니다.

유대인 엄마들은 아기가 태어나면 책 냄새를 맡게 하고 책에 맛있는 꿀을 발라 둔다고 합니다. 그림책을 읽고 아이와 함께하는 독후활동은 이런 '꿀 바르기'입니다.

'저절로 책을 좋아하게 된 어린이는 거의 없다. 누군가는 아이를 매혹적인 이야기의 세계로 끌어들여야 한다. 누군가는 아이에게 그 길을 가르쳐주어야 한다.
— 오빌 프레스콧 《A Father Reads to His Children》 중에서

    굳이 오빌 프레스콧의 말을 인용하지 않더라도 아이들은 무엇이든 재미와 흥미가 있어야 적극적으로 배웁니다. 독후활동은 읽은 책의 내용을 더 잘 이해하고, 재미있게 독서 습관이 형성되도록 돕는 활동입니다. 책을 읽고 내용이나 활동과 연결된 다양한 창의적인 독후활동을 통해 재미와 감동을 배가시킨다면 유아기 독서 습관을 성공적으로 이끌 수 있습니다.

    여기에서 재미란 단순한 오락성을 의미하지는 않습니다. 물론 흥미에 따른 단순한 재미도 필요합니다. 하지만 필자가 말하는 '재미'란 공감이나 감동에서 오는, 좀 더 깊이 있는 재미입니다. 책을 읽든 영화를 보든 연극을 하든, 재미와 감동이 있어야 그 활동은 오래갈 수 있습니다. 특히 유아나 초등학교 저학년 시기에 책 읽기가 지루하고 힘든 활동으로 기억된다면 독서 습관이 자리 잡기는 어렵습니다. 책을 통한 재미와 감동이 책 읽기를 습관화하게 되고, 꾸준한 책 읽기는 아이의 가치관을 형성하는 기초가 됩니다.

    유아기의 부모님이 독서 교육 전문 기관을 찾는 것은 대부분 아이가 책을 좋아하지 않는 경우입니다. 6세 아이가 있었습니다. 책을 좋아하지 않을뿐더러 어휘력도 또래 집단에 비해 약했습니다. 그런데 첫 수업에서 선생님과 함께 책을 읽고 연극놀이를 한 뒤 가방 가득 책을 빌려 갔습니다. 그리고 지금까지 꾸준하게 책을 읽으며 다양한 독후활동을 하고 있습니다. 이처럼 유아는 단 한 번의 독후활동으로도 책에 관심을 갖는 경우가 많습니다.

독후활동은 적극적인 표현력과 자신감을 기르기 위한 활동입니다. 사람은 누구나 자기 생각을 표현하고 싶어 합니다. 하지만 어려서 자신의 느낌이나 생각을 표현하는 기회를 갖지 못하면 어른이 되어서도 자기표현이 서툴 수밖에 없습니다. 아이들에게 책을 읽은 뒤에 적극적인 자기표현을 할 수 있는 기회를 주어야 합니다. 읽은 책의 내용과 자신의 생각을 말하게 하고, 주인공의 모습을 그리거나 만들어 보고, 맛있는 요리를 해 보고, 등장인물이 되어 연극을 해 보게 하는 거예요. 자연스럽고 활발하게 자기의 감정과 생각을 다채롭게 표현할 때 적극적인 표현력과 자신감이 생깁니다.

독후활동은 여럿이 함께할수록 재미있습니다. 역할극이나 연극, 인형극을 생각해 봅시다. 연극이란 아무리 간단하게 준비해도 관객과 연기자가 있어야 합니다. 등장인물의 역할을 맡아 대사와 행동을 주고받으며 연기하는 경험은 아이들에게 여럿이 함께하는 즐거움과 사회성을 길러 줍니다. 간혹 내성적이거나 자신감이 부족한 아이들은 자신을 드러내는 표현에 익숙하지 못합니다. 틀리지 않을까, 비웃지 않을까 걱정하는 마음에 처음에는 주저합니다. 하지만 함께 하는 과정에서 스스로 혹은 친구들의 도움으로 자연스럽게 자신을 표현해 갑니다.

《구리와 구라의 빵 만들기》에서 구리와 구라가 협력하며 카스텔라 빵을 구워 이웃과 나눠 먹듯이, 책을 읽고 친구와 함께 빵을 구워 먹는 연극놀이를 해 보세요. 아이는 책에서 배운 협력과 양보, 나눔을 몸으로 느끼고 알아 갑니다. '구리 구라, 구리 구라' 주문처럼 외우며 친구들과 즐겁게 노는 아이를 상상해 보세요. 책 읽기를 좋아하게 되겠죠? 독후활동이란 바로 이런 것입니다. 조용히 얌전하게 앉아서 책을 읽는 것도 좋지만, 여럿이 함께 주위의 칭찬과 격려를 받으며 창의적인 활동을 하는 겁니다. 이런 과정을 통해 책을 좋아하게 되고 자기표현을 하는 아이로 성장합니다.

나. 유아기에 적절한 독후활동에는 어떤 것이 있을까요?

　책을 읽은 뒤에 할 수 있는 활동은 무궁무진합니다.《종이 봉지 공주》를 읽고 아이들과 봉지를 이용해 옷을 만들어 볼 수 있습니다.《숨 쉬는 항아리》를 읽고 도예공방을 찾아 도자기를 만들어도 좋고,《커다란 순무》를 읽고 아이들과 함께 연극을 할 수 있습니다. 백 권의 책이 있으면 백 가지의 창의적인 독후활동을 할 수 있습니다. 쉬운 것, 자신감이 생기는 것부터 시작해 보세요.

●●● 책을 읽어 주거나, 옛이야기를 들려주거나 동요 · 동시 들려주기

　잠자리에서 엄마의 목소리만을 의지해 이야기를 듣는 것은 듣기 훈련에 좋습니다. 다른 자극 없이 엄마의 이야기를 통해 맘껏 상상의 세계를 펼칠 수 있으니까요. 잠자리에서 짧지만 지속적으로 이런 활동을 경험하는 것은 아이의 창의력과 집중력을 키우는 데 커다란 도움이 됩니다. 엄마가 들려주는 이야기와 책을 통해 아이는 활자와 언어를 이해하고 세상 이치를 알아 갑니다. 또한 독서 습관뿐 아니라 사고력이 좋아집니다. 책에 흥미를 가지면서 호기심과 상상력이 풍부해지고 집중력도 강화됩니다. 당연히 정서적으로 풍부해지고, 그림책을 통한 미적 감각이 향상됩니다.

　규칙적이고 지속적으로 책을 읽어 주는 가정에서 자란 아이들은 초등학교에 입학하면 말하기, 읽기, 그리기, 글쓰기에 자신감을 보입니다. 그 이유에 대한 답은 의외로 쉽게 찾을 수 있습니다. 아이와 엄마가 아이 성장과 눈높이에 맞추어 다양한 주제와 구성에 따른 그림책을 정기적으로 읽었으니, 아이의 독해력이나 상상력, 창의력, 언어 능력, 표현력이 향상될 수밖에 없습니다.

●●● 책과 신나게 놀아 보기

아이들은 놀이를 통해서 여러 사람이 함께 살아가는 방법을 배웁니다. 우리는 지금 아이들을 위한 지식과 정보가 넘쳐 나는 세상에 살고 있습니다. 그러나 아이들에게 마음을 살찌우는 삶의 지혜를 가르치는 일에는 게으른 편입니다. 어쩌면 좀 더 많은 지식을 아이들에게 알려 줘야 한다는 조급함 때문에 모르는 척하고 있다고 해야겠지요.

아이들은 친구들과 함께 다양한 놀이를 통해 많은 것을 배우고 익혀 간다고 많은 교육학자들이 말합니다. 어른들의 어린 시절을 돌아보면 쉽게 공감할 수 있습니다. 여름이면 냇가에서 물고기를 잡으며 수영하고, 친구네 밭 원두막에서 참외와 수박을 따먹고, 겨울이면 냇가에 나가 썰매 타고, 보름달이 환한 밤이면 친구들을 모아 늦도록 술래잡기를 했습니다. 겨울방학이 되면 친구 집에 모여 찐 고구마를 먹으며 밤새 이야기꽃을 피우곤 했습니다.

아이들은 놀이를 하는 동안 함께하는 방법을 배웁니다. 그것은 아이가 커 나가는 동안 꼭 배워야 할 소중한 것입니다. 사소한 놀이에도 규칙이 있습니다. 내가 아닌 남과 지내기 위해서는 조금 불편하더라도 지켜야 할 규칙이 있고, 그것을 지켜야 함께 놀 수 있다는 것을 저절로 알게 됩니다.

《우리 할아버지가 꼭 나만 했을 때》를 읽고 공원이나 운동장에 나가 '땅따먹기' '사방치기' '자치기'를 해 보세요. 마냥 행복한 아이들의 청명한 웃음소리를 들을 수 있을 겁니다. 이보다 책과 친해질 수 있는 방법이 또 있을까요?

●●● 말하기와 듣기

말하기는 독후활동에서 가장 쉬운 활동이지만 때론 아이들이 어려워하는 활동이기도 합니다. 남 앞에서 발표해 본 경험이 없는 아이는 누군가의 앞에서 자신의 생각이나 의견을 발표하는 것을 어려워합니다. 그래서 모깃소리만큼 작게 말하거나 웅얼거리듯 입 안에서만 목소리가 맴돌곤 합니다. 이런 아이들에게 말하기 연습은 중요합니다. 처음부터 아나운서처럼 적당한 속도와 멋진 발음과 발성으로 이야기를 하는 것은 누구나 어렵습니다. 자연스럽게 말하게 해 주는 책을 읽게 해 보세요. 처음에는 떠듬떠듬할 수도 있지만, 말하는 것이 어려운 것이라는 것을 알게 되면, 아이 자신도 모르는 사이 아나운서처럼 말하려고 노력하는 모습을 보이기도 합니다.

말하기 못지않게 남의 이야기를 귀담아 잘 듣는 것도 중요합니다. 말을 잘 하려면 다른 친구의 이야기를 잘 들어야 합니다. 듣기를 배운 아이는 다른 생각도 끝까지 잘 듣고 나와 다른 생각일지라도 존중하는 태도를 갖게 됩니다. 그림책을 읽어 주거나 옛이야기를 들려주는 것은 듣는 태도와 의사소통에 효과적인 활동입니다.

●●● 다양한 재료를 이용해 만들기

기억의 공간에 오래도록 저장되는 것은 손과 발을 통한 만남입니다. 《옛날 사람들은 어떻게 살았을까》를 읽고 난 뒤에는 토기를 만들어 볼 수 있습니다. 토기 만들기는 의외로 쉽습니다. 근처 문구점에 가서 찰흙을 사고, 바닥에 깔 신문지만 준비하면 됩니다. 토기를 만드는 동안 옛사람들은 여기에 무엇을 담아 두었을까 하고 이야기를 나누며 그 시절을 상상해 보는 과정에서 아이의 손에 조금씩 정성이 들어갑니다.

온갖 팽글들에 관한 책인 《팽글팽글 팽이 만들기》를 읽고는 팽이를 만들 수 있습니다. 종이를 자른 다음 가운데에 이쑤시개를 꽂으면 팽이가 됩니다. 어떻게 해야 잘 돌아갈까 고민하며 여러 가지 모양으로 만들 수 있습니다. 스스로 손가락을 움직여 팽이를 만드는 동안 미술과 물리 공부를 하는 셈입니다. 가로로 혹은 세로로 아무렇게나 섞어 놓은 색깔이 팽이가 돌 때는 아주 다른 느낌의 그림으로 바뀝니다. 가르치지 않아도 배우게 되겠지요?

●●● 연극이나 역할극 하기

연극을 해 보라고 하면 주눅이 드는 선생님이나 부모님이 많습니다. 그러나 아이들과 함께 연극을 한 번이라도 해 보면 그런 걱정은 사라집니다. 아이들이 책을 읽고 하는 연극은 놀이와 비슷합니다.

에우게니 라쵸프의 《장갑》을 읽은 뒤 연극을 해 볼까요? 숲 속에 장갑 한 짝이 떨어져 있습니다. 생쥐, 토끼, 여우, 늑대, 곰 등 크기가 다른 동물들이 순서대로 등장하며 장갑 안으로 들어갑니다. 장갑 안이 터질 듯할 때에, 할아버지가 돌아와 장갑을 주워 갑니다. 한여름에 쓰던 홑이불이나 담요 한 장이면 즉흥 연극이 됩니다. 대사를 외울 필요도 없고, 무대장치도 필요 없습니다. 그림책에 나온 글 그대로 읽기만 하면 연극이 됩니다.

《커다란 순무》나 《야! 우리 기차에서 내려》, 《곰 사냥을 떠나자》도 연극 활동에 좋은 책입니다. 아무런 준비 없이 그냥 책 한 권으로 연극이 되는 책들이지요. 연극은 하면 할수록 아이들이 표현하는 내용이 넉넉해지고 짜임새가 좋아집니다. 그림책에 나온 대사만 짤막하게 하던 아이가 나름대로 조금씩 자기 말을 붙여 가며 연극을 합니다.

연극으로 자기 생각을 나타낼 줄 아는 모습을 보면, 독후활동의 효과를 한 번 더 확인할 수 있습니다.

●●● 책과 함께 여행하기

　책을 통한 체험활동이나 견학은 잠깐의 경험으로 머물 것들을 되살려 내곤 합니다. 《바빠요 바빠》를 읽으면 가을날 바쁜 시골집 풍경이 떠오릅니다. 곶감이 주렁주렁 늘어진 모습을 보며 아이들과 올가을에는 곶감 만들기를 시도해 보는 일도 좋습니다. 예쁘게 포장돼 상자에 들어 있는 곶감만 먹어 본 아이들은 처마 밑에 매달린 곶감을 알 턱이 없습니다. 아이와 함께 시장에 가서 감을 구입하고, 감자 깎는 칼로 감 껍질을 살살 벗긴 다음, 빨래 건조대에 매달거나 채반에 널어 주세요. 꾸둑꾸둑 겉이 마르면 말랑말랑하고 달콤한 곶감을 한 개씩 빼 먹습니다. 겨울 내내 먹은 곶감이 달콤한 추억이 됩니다.

　감자 깎는 칼을 무서워하던 아이는 이제 어른이 되었지만 아직도 가을이면 곶감 이야기를 합니다. 충북 영동에 가면 가로수가 모두 감나무입니다. 커다란 감들이 주렁주렁 매달린 감나무도 신기하고, 산더미처럼 감을 쌓아 놓고 팔던 영동시장도 정말 놀라운 광경이었지요. 아이는 시간이 흘러 책 제목도 잊고 왜 갔는지도 모르지만 그때 본 영동의 감나무 가로수는 평생 잊지 못합니다.

　체험활동의 하나로 아이들이 좋아하는 그림책 작가를 만나 보는 것도 좋습니다. 그림책 원화도 보고, 작가를 만나 직접 만든 책 이야기를 듣고 함께 시간을 보내면 그 책은 아이에게 좀 더 특별해집니다.

●●● 다양한 미디어 매체의 활용

　최근 애니메이션으로 만들어져 인기를 모았던 〈어네스트와 셀레스틴〉은 가브리엘 뱅상의 그림책 '에르네스트와 셀레스틴' 시리즈를 바탕으로 만든 작품입니다. 애니메이션을 보면 책에 흥미가 없던 아이도 한 번쯤 눈을 돌리게 할 수 있습니다.

상상력을 바탕으로 한 그림책이나 동화가 아니라면, 특히나 과학을 다루는 것이라면 책보다 DVD나 비디오가 더 효과적인 면도 있습니다.

책을 원작으로 만들어지는 영화도 있지만, 영화가 먼저 만들어지고 뒤에 책으로 나와 많은 사랑을 받기도 합니다. 레오 리오니, 에릭 칼의 그림책은 영상으로 만들어져 있습니다. 권정생의 《강아지똥》도 영상으로 만들어져 있는데, 그림책에는 빠져 있는 원작 동화 내용이 많이 살아 있습니다. 이 영상을 본 아이들은 같은 내용의 그림책도 즐겨 봅니다. 영상으로 만들어진 그림책이 종이책을 좀 더 재미있게 만들어 줄 수 있다는 이야기입니다. 영상에 익숙해져 있는 아이들에게 미디어와 책과의 연결은 색다른 감동과 흥미를 불러옵니다.

요즘은 인터넷에 들어가면 그림책을 전자책으로 볼 수 있습니다. 종이책과 다른 느낌을 주는 그림책입니다. 책을 읽어 주는 소리를 들을 수도 있습니다. 언제나 새로운 것에 대한 호기심이 많은 아이들에게 좋은 놀잇감이 될 것입니다.

이제 아이와 함께 멋진 그림책을 읽고 엄마표 독후활동을 시작해 볼까요? 아이들과 독후활동을 할 때는 책이 가지는 본래의 감동과 재미를 퇴색시키지 말아야 합니다. 독후활동은 안내자의 역할입니다. 독서의 가치를 높이고 아이 스스로 책을 가까이 느끼도록 도와주려는 활동인데, 이에 대한 부담 때문에 책 읽기가 부담스러워지면 곤란합니다. 어른은 아이의 안내자일 뿐입니다. 사랑스러운 안내자, 길잡이 역할에 충실해 주세요. 아이가 스스로 책 속에서 길을 찾고 친구를 만나도록 기다리면서, 등대처럼 가끔 깜박여 주는 것으로 충분합니다.

2

그림책 독후활동

I 뚝딱 만들기 놀이

엄마가 그림책을 읽는 동안, 아이는 엄마의 목소리를 들으며 그림책의 장면에 상상의 나래를 펼칩니다. 단순히 눈으로 보고 귀로 듣는 것으로만 끝나지 않지요. 상상한 것들이 눈앞에 실제로 펼쳐지기를 기대하고 직접 해 보고 싶어 합니다. 책의 주인공에 공감하거나 그림에 빠져들수록 더 강하게 요구합니다. 아이들의 상상력을 키우는 활동 가운데 하나가 만들기입니다. 그림책 주인공이나 인상이 깊은 장면을 소재로 해서 만들기를 하며 놀아 주면, 아이는 상상이 실현되는 것에 즐거워합니다. 또 그 책은 아이에게 오감을 동원하여 읽은 책으로 깊이 기억됩니다.

무엇을 어떻게 만들면서 놀아 주어야 하나 엄마는 고민하게 됩니다. 고민을 해결할 방법은 아이들에게 있습니다. 그림책에 나온 주인공들이 어떤 표정을 지었고 무슨 일을 했는지 등을 이야기하다 보면 아이가 스스로 관심이 가는 부분을 이야기합니다. 이를 바탕으로 만들기 놀이를 할 수 있습니다.

아이들은 그림책의 작은 부분까지도 공감하며 고스란히 받아들입니다. 작은 오리들이 뒤뚱거리는 모습에서 자신의 모습을 떠올리며 웃기도 하고, 등장인물의 엄마가 내는 고함 소리를 자신이 겪는 것처럼 재미있게 받아들입니다. 새끼 오리를 보며 어린아이인 자신과 동

일시합니다. 《고함쟁이 엄마》를 읽을 때는 아이와 엄마가 겪는 소소한 갈등을 통해 '우리 엄마도 그러는데……' 하며 엄마를 다시 한 번 바라보기도 합니다. 공부의 재미를 알지 못하고 싫어했던 주인공을 통해서는 공부가 어렵고 부담스럽기만 한 것이 아니라는 것을 알게 됩니다.

[뚝딱 만들기 놀이]를 통해 아이는 친밀한 캐릭터를 이용해 놀잇감을 직접 만들 수 있습니다. 아이는 혼자 힘으로 장난감을 만들 수 있다는 자신감을 얻고, 그렇게 만든 장난감을 가지고 놀며 풍부한 이야기를 상상해 냅니다. 〈인형 만들기〉 과정에서는 옷감의 질감을 느끼고, 고무찰흙으로 모양을 만들면서 손의 감각을 높일 수 있습니다. 〈몸뜨기〉에서는 몸 전체를 전지에 그리면서 생김새와 쓰임을 자세히 알게 됩니다. 다양한 소재와 표현 활동을 통해 아이들은 창의적인 생각이 자라납니다. 만들기 재료들의 각각 다른 성질을 손끝으로 익히며 바느질을 하고 가위와 같은 도구를 사용하면서 아이들의 작은 근육이 발달합니다.

소박하고 작은 결과물도 아이는 소중하게 생각합니다. 부모가 공감해주면 더욱 기뻐하지요. 성취감을 맛본 아이는 자존감이 높아져서, 다른 친구들의 결과물도 긍정적인 시선으로 기쁨을 나누는 여유로운 아이가 됩니다.

1 퍼즐 만들기

> **아이가 이럴 때 활동하면 좋아요**
> • 책 읽기에 흥미를 못 붙일 때
> • 자기만의 주장이 너무 강할 때

 어떤 책을 이용할까요?

《피튜니아, 공부를 시작하다》 (로저 뒤바젱 지음 | 시공주니어)

맹추라고 놀림받던 암거위 피튜니아가 어느 날 산책을 하다가 책을 발견합니다. 주인아저씨의 말, '책을 지니고 있고, 책을 사랑하는 사람은 지혜롭다'를 기억하고는 책을 옆구리에 끼고 다니기 시작하죠. 읽지도 않고 끼고 다니면서도 피튜니아는 스스로 지혜롭다고 거드름을 피웁니다. 농장의 동물들은 어려운 일이 생기자, 지혜로울 것 같은 피튜니아에게 도움을 구합니다. 하지만 피튜니아가 해 주는 조언은 농장을 엉망진창으로 만들기만 합니다. 결국 피튜니아는 책은 들고 다니는 것이 아니라 읽는 것이고, 책을 읽는 사람이 책을 사랑하는 사람이며 또 읽은 사람만 지혜로워진다는 것을 깨닫게 됩니다.

 이 활동을 하면 무엇이 좋을까요?

피튜니아는 아이들 모습 그대로입니다. 또래 집단 안에서 자신이 무언가를 조금만 알아도 말하고 싶어 하고 가르쳐 주고 싶어 합니다. 아이들은 모르는 것도 아는 것처럼 이야기합니다. 피튜니아의 어처구니없는 행동을 보면서 아이들은 자기중심적으로 사고하는 자신의 모습을 바라보게 됩니다. 피튜니아가 엉뚱하게 아는 척하는 것처럼 아이들도 보이는 것을 제 생각대로 이해하고 즐기며 상상합니다. 엄마는 "자 봐, 책을 읽어야 정말 아는 사람이지? 그러니까 책을 잘 읽어야 되겠지?" 하고 교훈을 주고 싶을 것입니다. 그런 말을 들으면 아이는 책을 '읽어야만 하는 것'으로 인식하게 됩니다. 재미를 느껴야 아이는 책을 가깝게 두고 계속하여 읽고, 그러다가 점점 책을 사랑하게 됩니다. 그럼 어떻게 해야 할까요?

아이들은 표지의 색, 그림을 통해 내용을 상상하고 그 책을 읽을지 말지 결정합니다. 그렇기 때문에 책의 표지를 그림으로 그리고 퍼즐을 만들어 노는 것이 좋겠지요. 그렇게 놀면서 책을 풍부하게 느껴볼 수 있게 됩니다.

같은 활동을 위한 추천 그림책

《단풍나무 언덕 농장의 사계절》
(앨리스 프로벤슨 · 마틴 프로벤슨 지음 | 북뱅크)
거위, 사슴, 고양이, 양, 오리 등이 있는 동물 농장에서 계절이 바뀔 때마다 동물들의 모습이나 행동이 바뀌는 것을 다루고 있어요. 책을 함께 읽은 후에 겉표지를 그린 다음 두꺼운 골판지에 붙여서 퍼즐을 만들 수 있어요. 아이가 4~5세인 경우에도 쉽게 퍼즐을 만들어 활용할 수 있는 그림책입니다.

《한눈에 펼쳐보는 우리나라 지도 그림책》
(민병준 지음 | 구연산 그림 | 진선아이)
우리나라 각 지방의 특징을 자세한 지도와 재미있는 그림으로 보여 줍니다. 가 볼 만한 유적지와 지역 축제, 특산물을 지도에서 살펴볼 수 있습니다. 자기가 사는 지역이나 우리나라 지도를 그림으로 그리고 퍼즐로 만들어 보면 지도에 더 친숙해질 수 있어요.

이렇게 진행해 보세요

1 연필과 지우개, 가위, 풀, 색연필과 종이, 우드락을 준비합니다.

2 책 이야기를 나누며 표지에 있는 주인공에 관하여 이야기를 나눕니다.

3 좋아하는 장면이나 내용을 그림으로 그리고 색을 칠합니다.

4 그림을 우드락에 붙인 후, 그림에 맞게 테두리를 자릅니다.

5 우드락 뒷면에 자르고 싶은 모양을 원하는 대로 그린 후 칼로 자릅니다.

6 완성된 퍼즐을 맞추며 즐겁게 놉니다.

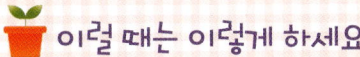 이럴 때는 이렇게 하세요

우드락이나 하드보드는 오리기가 힘들고 또 문구점에서 구입해야 합니다. 이럴 때는 택배 상자를 재활용하면 손에 잡히는 느낌도 좋고 재활용도 배울 수 있으니 일석이조랍니다. 퍼즐 놀이를 하면서 글자를 가르치겠다는 목적을 앞세우면 안 됩니다. 놀이를 통해 자연스럽게 알게 해야 합니다. 조급한 마음에 뭔가를 알려 주려고 하면 놀이가 아니라 공부가 되어 금방 지치게 됩니다. 아이들은 집중 시간이 짧으니 한 번에 끝까지 하는 것이 아니라, 하는 데까지 하다가 다시 이어서 하도록 여유로운 마음을 가지세요. 퍼즐을 맞추는 데 걸리는 시간을 재 보는 것도 집중력을 높이는 데 도움이 됩니다.

Q 그림을 책에 있는 것대로 그려야 하나요?
A 아이들에 따라 원하는 색을 넣거나, 모양을 다르게 그리는 경우가 있습니다. 오히려 다르게 그리는 것이 더 좋은 면이 있습니다.

Q 뒤에 덧대는 종이는 꼭 두꺼워야 하나요?
A 오래 갖고 놀려면 꼭 우드락이 아니더라도 두꺼운 종이가 좋겠지요.

Q 아이가 그림을 잘 못 그려요. 그럴 때는 어떻게 해야 하나요?
A 사진을 찍어서 인쇄한 후에 사용하시면 됩니다.

Q 아이가 그림을 너무 작게 그려요.
A 처음에는 아이들이 큰 화면을 생각하지 못하고 자기가 그리고 싶은 만큼 작게 그리기 쉽습니다. 전체를 생각하고 크게 그리도록 도와주는 것도 좋습니다.

다른 활동도 할 수 있어요

지혜로운 대답 찾기 놀이
(예 – 내가 피튜니아라면 어떻게 했을까?)

책 읽기가 아직 서투른 4~5세의 아이들은 그림 카드를 만들어 글자 익히기를 할 수 있습니다. 책을 잘 이해하는 아이들에게는 피튜니아가 받은 질문을 하여 자신만의 생각 키우기를 할 수도 있습니다.

2 표정 가면 만들기

아이가 이럴 때 활동하면 좋아요
- 쑥스러움을 많이 탈 때
- 아이와 이야기 나누고 싶을 때

 어떤 책을 이용할까요?

《고함쟁이 엄마》 (유타 바우어 지음 | 비룡소)

독일아동문학상 수상 작가 유타 바우어의 글과 그림이 빛을 발하는 책입니다. 엄마 펭귄이 고함을 내지르자 아기 펭귄의 몸이 세계 각지로 흩어져 버립니다. 머리는 우주까지 날아가고, 몸은 먼 바다로 날아가 떨어지지요. 날개는 밀림에서 길을 잃고 헤매고, 부리는 산꼭대기에, 꼬리는 거리 한가운데에 내동댕이쳐집니다. 엄마가 감정을 담아 소리를 지르면 아이는 엄청나게 무서워하고 혼란스러워한다는 것을, 조각난 몸이 사방에 흩어지는 극적인 표현을 통해 잘 드러내 주는 책입니다.

 이 활동을 하면 무엇이 좋을까요?

그림책을 보며 아이는 아기 펭귄의 흩어진 몸이 어떻게 될까, 다시 찾을 수는 있을까 걱정합니다. 하지만 엄마 펭귄이 아기 펭귄의 몸을 하나하나 찾아 꿰매 주면서 "미안

해" 하고 사과하는 순간, 그림책을 보는 아이 역시 조마조마했던 마음을 놓으며 엄마의 사랑을 느끼고 안정감을 얻게 됩니다. '미안해' 라는 엄마의 말 한마디가 아기 펭귄에게도, 그림책을 보는 아이에게도 기적 같은 평화를 선물합니다. 이때 아이의 얼굴을 보세요. 얼마나 편안한가요. 엄마는 이런 아이의 얼굴을 놓치지 말고, 얼굴에 얼마나 많은 감정이 드러나는지를 가르쳐 줄 수 있습니다.

우리의 얼굴은 마음의 변화를 고스란히 보여 줍니다. 특히 어린 아이일수록 마음이 표정에 잘 드러납니다. 그것은 자신이 어찌할 수 없는 영역입니다. 무의식적으로 움직이기도 하고, 감정을 숨기려고 해도 잘 숨겨지지 않을 때도 잦지요. 눈이나 입이 표현하는 감정은 아주 다양합니다. 아이들과 함께 마음을 나타내는 가면을 그리고, 어떤 기분일 때 얼굴이 어떻게 변하는지 서로 이야기하면서 화났던 일이나 억울했던 일을 털어놓을 수 있게 해 주세요. 서로가 하지 못한 이야기를 하며 아이에게 한발 더 다가서는 좋은 기회가 됩니다.

같은 활동을 위한 추천 그림책

《안 돼, 데이빗!》 (데이빗 섀논 지음 | 지경사)
아이들이 성장하면서 흔히 있을 수 있는 일을 엄마의 입장과 아이의 입장에서 함께 바라보는 그림책입니다. 데이빗이 이것저것 만지고 노느라 얼굴이 얼룩지고 옷도 지저분해집니다. 그럴 때마다 엄마는 "안 돼!" 하고 말하죠. 이에 대해 반응하는 귀여운 데이빗의 모습과, 아이를 사랑하는 엄마의 마음이 담겨 있어요. 데이빗이 말썽을 부린 후 짓는 다양한 표정으로 가면을 만들 수 있어요.

《가면》 (정해영 지음 | 논장)
세계의 다양한 가면을 원시 시대부터 현재까지 모아서 재미있는 이야기로 풀어내고 있어요. 아이들은 다양한 가면 속에 사람의 감정이 들어 있다는 것을 배울 수 있어요. 그 가면 가운데 하나를 가지고 자신의 표정 가면을 재미있게 만들 수도 있어요.

이렇게 진행해 보세요

1 흰색 고무줄(옷이나 주머니에 넣는 부드러운 재질), 도화지(스케치북), 유성매직, 사인펜, 여러 색깔의 부직포와 글루건, 가위 등을 준비합니다.

2 책을 읽고 어떤 표정의 가면을 만들지 생각한 후에 그림을 그립니다.

3 가면 개수에 맞춰 색상별로 부직포를 준비합니다. 꾸미기용으로 검은색과 흰색은 여유있게 준비하는 것이 좋아요.

4 가면을 모양에 따라 가위로 자릅니다. 부직포를 이용할 경우 얼굴보다 조금 크게 오리고 눈과 입, 코의 위치를 정해 구멍을 뚫고 꾸밉니다.

5 오린 그림이 얼굴 크기에 맞게 되었는지 맞추어 보고 고무줄을 끼워 넣어요.

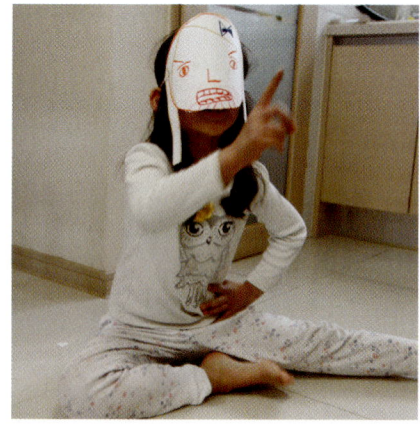

6 표정에 따라 고함치는 장면, 사랑한다고 말하는 장면을 해 봅니다.

🌱 이럴 때는 이렇게 하세요

가면 만들기가 어려우면 시중에 나와 있는 것을 사는 것도 가능합니다. 파티용품점에 가면 고무 재질로 만든 가면이 있는데 얼굴에 쓰고 있으면 조금 덥지요. 부직포로 가면을 만들면 얼굴에 닿는 면이 좀 따갑습니다. 그럴 때는 가면 안쪽에 부드러운 거즈 천을 대 주면 좋습니다.

Q 가면을 만들면서 아이의 감정을 이야기 나눌 수 있을까요?
A 만드는 활동 자체에 집중하여, 왜 이 활동을 하고 있는지를 잊을 때가 있습니다. 표정마다 아이의 감정을 표현하게 해 주세요. 아이는 자연스럽게 마음에 담아 두었던 이야기를 풀어냅니다. 서로 이야기를 나누며 성장하고 사랑을 느끼게 됩니다.

Q 구멍을 뚫은 종이가 잘 찢어지면 어떻게 해야 하나요?
A 구멍을 뚫기 전에, 먼저 뚫을 자리보다 조금 크게 투명테이프나 종이테이프를 붙이면 쉽게 찢어지지 않습니다.

Q 부직포를 꼭 써야 하나요?
A 한지를 이용하면 부드럽고 질기고 촉감이 좋습니다.

Q 가면에 눈이나 코 모양을 꼭 만들어야 하나요?
A 상대에게 보이고 싶지 않은 부분은 만들지 않아도 됩니다.

Q 가면을 쓰고 할 수 있는 놀이가 무엇이 있을까요?
A 탈춤이나 가면무도회를 흉내 내며 놀 수 있습니다.

다른 활동도 할 수 있어요

거울 보며 표정 짓기 놀이

'가면 만들기'는 준비물이 필요하므로 상황에 따라 재료 준비가 어렵거나 아이가 만들기를 싫어하면 간단하게 '거울 보며 표정 짓기' 놀이를 해도 좋습니다. 아이가 슬프거나, 화가 나거나, 행복한 표정을 지어 보는 것도 재미있고, 엄마가 다양한 표정을 지어 거울에 비춰 보며 이런 때 왜 이런 표정을 지었는지 이야기 나누는 것도 재밌습니다.

3 토끼 인형 만들기

아이가 이럴 때 활동하면 좋아요
- 친구 없이 혼자 놀 때
- 옷이나 장신구에 관심을 가질 때

 어떤 책을 이용할까요?

《아씨방 일곱 동무》 (이영경 지음 | 비룡소)

바느질을 좋아하는 빨강 두건 아씨가 어느 날 깜박 낮잠을 자는 사이 반짇고리 속 일곱 친구인 실, 바늘, 자, 인두, 가위, 다리미, 골무가 서로 자기가 제일이라며 다툽니다. 자기가 없으면 아씨가 아무리 노력해도 옷을 잘 지을 수 없다면서 시끄럽게 떠들어 대지요. 그 소리에 낮잠 자던 아씨는 잠이 깨어 바느질 도구들에 화를 냅니다. 빨강 두건 아씨는 다시 잠을 청하는데, 바느질 도구들을 잃어버리는 꿈을 꾸며 슬퍼합니다. 꿈에서 깬 아씨와 이 모습을 본 일곱 친구는 서로를 존중하며 더욱 신이 나서 즐겁게 옷을 짓습니다. 지금은 쓰지 않는 도구들을 만나는 재미도 있지만, 책장을 넘기며 변하는 아씨의 표정은 그림책이 줄 수 있는 재미를 잘 보여 줍니다.

이 활동을 하면 무엇이 좋을까요?

바느질하다가 깜빡 잠이 든 빨강 두건 아씨는 아이들과 소꿉놀이를 하거나 책을 읽어 주다가 졸고 있는 엄마의 모습처럼 친숙한 모습입니다. 바느질이라는 소소한 일상도 아이들에게는 신기한 놀이처럼 보입니다. 아이들은 바늘을 무서워하기도 하지만, 바늘을 따라 실이 지나가면서 천이 이어지거나, 뒤집으면 새로운 모양이 되는 것들을 보면서 무척이나 신기해합니다. 자기 손으로 바느질을 해서 엉성한 솜씨로 만들어 낸 인형을 소중히 간직하는 아이들 마음속에는 어떤 것으로도 채울 수 없는, 해냈다는 만족감이 자리 잡게 됩니다.

입던 옷이 낡았거나, 양말에 구멍이 나면 버리지 말고 잘 모아 두었다가 작은 인형을 만들어 보세요. 커다란 아빠 양말과 조그마한 아이 양말로 재미있는 양말인형 가족을 만들어 재미난 인형극을 할 수도 있습니다.

같은 활동을 위한 추천 그림책

《내 토끼 어딨어?》 (모 윌렘스 지음 | 살림어린이)
트릭시는 아빠의 손을 잡고 부지런히 유치원을 향해 걸어갑니다. 세상에 단 하나뿐인 꼬마 토끼 인형을 친구들에게 자랑할 생각에 트릭시의 마음은 잔뜩 부풀어 있습니다. 드디어 유치원에 도착한 트릭시는 토끼 인형을 자랑하기 위해 친구들을 찾아 나섭니다. 그런데 친구가 똑같은 토끼 인형을 가지고 있어요. 토끼 인형 때문에 트릭시는 잊지 못할 하루를 보냅니다. 이야기에 나오는 나만의 토끼 인형을 만들어 보며 활동해 보세요.

《겁쟁이 빌리》 (앤서니 브라운 지음 | 비룡소)
빌리는 걱정이 너무나 많은 아이입니다. 모자 때문에, 신발 때문에, 구름 때문에, 심지어는 비가 와서 자신의 침대 위로 물이 넘치지 않을까, 커다란 새가 자신을 물고 가지 않을까 온갖 걱정을 합니다. 할머니는 그런 빌리의 상상력이 재미있다고 하며 걱정인형을 선물합니다. 빌리는 인형에게 자신의 고민을 이야기하며 자연스럽게 위안을 받습니다.

이렇게 진행해 보세요

1 토끼 몸을 만들 옷감으로 흰색이나 환한 색 천, 실, 바늘, 가위, 솜, 인형 본 등을 준비합니다.

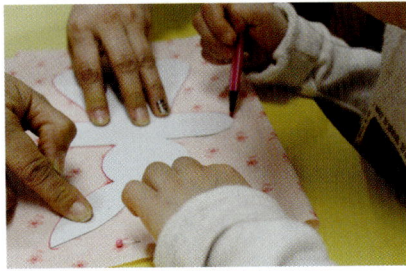

2 인형 본을 천에 대고 볼펜(퀼트용 펜)으로 선을 그립니다.

3 접히는 부분보다 조금 크게 그림을 그린 후 가위로 오립니다. (남는 부분이 너무 많으면 나중에 인형이 보기 싫어집니다.)

4 솜 넣을 구멍만 남기고 박음질을 튼튼하게 한 뒤 뒤집습니다.

5 솜을 단단하게 넣고 솜 구멍을 꿰맵니다.

6 토끼 인형에 눈과 코, 입을 그리고, 이름을 지어 줍니다.

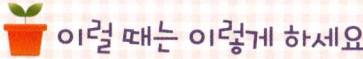 ### 이럴 때는 이렇게 하세요

인형을 만들 때 솜을 구석구석 잘 집어넣어야 나중에 인형이 통통하고 예쁘게 됩니다. 박음질을 꼼꼼하게 해야만 솜을 충분히 넣어도 터지지 않아요. 바늘은 조심해야 하는 도구지만 실과 바늘이 협력하며 어떤 결과를 내는지 직접 꿰매 보아야 알 수 있습니다. 위험하다고, 한두 번 바늘에 찔렸다고 못 하게 하지 말고, 바늘을 안전하게 사용하는 방법을 가르쳐 주세요.

Q 토끼 인형 말고 또 어떤 인형을 만들 수 있을까요? 걱정인형은 어떻게 만드나요?

A 인형은 꼭 어떤 모양을 가질 필요는 없습니다. 아이의 발달 단계에 맞게 단순한 모양으로 해도 되고, 좋아하는 캐릭터를 응용해도 됩니다. 걱정인형은 이목구비를 표현하지 않는 것이 좋습니다.

Q 헝겊 외에 다른 도구를 이용해서 인형을 만들 수도 있나요?

A 바느질이 부담되면 부직포를 인형 모양으로 오린 다음 가장자리를 따라 펀치로 구멍을 뚫어 주세요. 굵은 실로 구멍을 통과해서 테두리를 만들고, 안에 솜을 넣으면 인형이 만들어집니다.

다른 활동도 할 수 있어요

등장인물에 새로운 이름 지어 주기

《아씨방 일곱 동무》는 6~8세의 아이가 좋아하는 책입니다. 이 나이의 아이들은 엄마가 조금만 도와주면 바느질을 하며 인형을 만들 수 있습니다. 더 어린 아이들은 《아씨방 일곱 동무》에 등장하는 물건들의 이름을 새롭게 지어 주며 활동할 수 있습니다.

4 몸뜨기

아이가 이럴 때 활동하면 좋아요
- 편식하거나 밥을 잘 안 먹을 때
- 자신의 몸에 대하여 궁금해할 때

 어떤 책을 이용할까요?

《우리 몸의 구멍》 (허은미 글 | 이혜리 그림 | 길벗어린이)

어, 이게 뭐지? 자세히 보니 동그랗고 검은 하수구 구멍입니다. 단순한 그림책이지만 우리 몸에 있는 코, 입, 귀, 눈 같은 등등 많은 구멍이 하는 일을 흥미롭게 보여 주고 있네요. 음식을 먹는 입, 이야기를 듣는 귀, 엄마 아빠 얼굴을 보는 눈. 이렇게 꼭 필요한 일을 하는 소중한 우리 몸의 구멍들은 참 신기합니다. 우리 몸의 여러 기관과 구조들은 흥미로운 얘깃거리를 아주 많이 갖고 있네요.

 이 활동을 하면 무엇이 좋을까요?

아이들이 편식을 하거나 밥을 잘 먹지 않아 음식의 중요성을 알려 주고 싶을 때, 함께 읽으면서 우리 몸의 생김이나 하는 일에 관해 이야기 나눠 보세요. 몸뜨기를 한 뒤 내 장기관을 그려 넣거나 뼈를 그려 넣으면 자기만의 인체도감이 됩니다. 잘 우는 아이에게는 눈물이 어디에서 그렇게 샘솟는지 이야기해 주면, 울다가도 신기한 생각이 들어 엄마의 말에 귀 기울이고 씩~ 웃게 됩니다. 땀샘, 눈물샘 같은 작고 보이지 않는 구멍들이 막히거나 탈이 나면 어떻게 될까도 이야기해 보세요. 우리 몸의 부분들은 저마다 맡은 역할이 있고, 그 역할들을 잘하기 위해 애쓴다는 것, 그 신비와 소중함을 다시 생각하게 됩니다.

엄마나 아빠의 몸 그림 위에 아이가 누워, 어른과 아이의 몸 크기를 비교해 보는 것도 재미있고, 가족사진처럼 재미난 몸뜨기 그림을 벽에 붙여 두면 한 동안 이야깃거리가 됩니다.

같은 활동을 위한 추천 그림책

《보인다! 우리 몸》 (클레어 스몰맨 글 | 존 셸리 그림 | 밝은미래)
플랩을 펼쳐 보면서 우리 몸속 기관의 작용 원리를 즐겁게 알아 가도록 구성한 인체 책입니다. 사람 몸의 겉과 속을 한꺼번에 보여 주는 플랩 덕분에 인체를 쉽고 재미있게 익힐 수 있습니다. 다치면 왜 피가 나는지, 빨리 달리면 왜 숨이 차는지, 우리가 먹은 음식물이 어떻게 배설되는지 등 사람 몸이 일하는 원리를 배울 수 있습니다.

《소중한 나의 몸》 (정지영 글 | 정혜영 그림 | 비룡소)
만 4세가 넘은 아이에게 몸을 소중히 할 수 있도록 돕는 성교육 그림책입니다. 책을 읽으며 아이에게 몸과 성을 이야기해 준 다음, 아이가 자신의 몸을 직접 뜨기를 하며 몸을 소중히 하는 활동을 하면 좋습니다.

이렇게 진행해 보세요

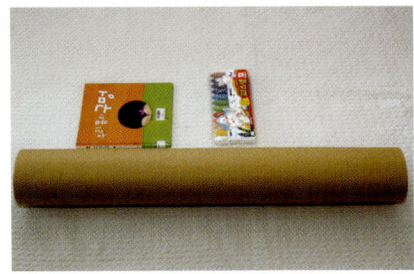

1 포장용 전지, 크레파스나 색연필을 준비합니다.

2 책을 읽으며 우리 몸의 구멍과 내장 기관이 어떻게 연결되어 있는지 함께 이야기 나눕니다.

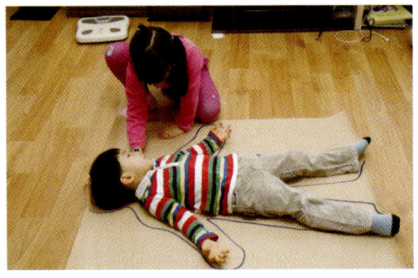

3 전지에 누워 몸뜨기를 합니다.

4 몸뜨기 한 선을 따라 가위로 자릅니다.

5 몸의 구멍과 기관들을 연결해서 그립니다.

6 완성된 몸뜨기 모형과 함께 서서 자신의 몸이 어떻게 생겼는지 발표해 봅니다.

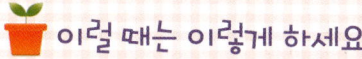 이럴 때는 이렇게 하세요

전지는 얇은 흰색 종이보다 포장용 황토색 종이가 좋습니다. 더 재미있게 하고 싶으면 김장용 큰 비닐을 이용해 보세요. 유성 매직으로 그리고 색칠해서 꾸미면 투명인간이 서서히 모습을 나타내는 것을 볼 수 있습니다.

Q 색칠할 때 종이가 찢어질 것 같아요.

A 아이가 종이 위에 올라앉아 색을 칠하고 싶어 하면, 종이가 찢어지지 않게 조심하라고 일러 주고, 뒷면에 가로세로 얼기설기 테이프를 붙여 주세요.

Q 꼭 반듯하게 누워서 몸뜨기를 해야 할까요?

A 꼭 그런 것은 아니지만, 형체가 구분되도록 팔이나 다리를 몸에서 떼는 것이 좋습니다.

Q 아이가 머리 장식을 넣거나 신발을 신기고 싶어 하면 어떻게 해야 하나요?

A 옷이나 머리 장식을 그려 넣어도 되고, 운동화도 그려 주세요. 신발 속에 발가락을 그려도 재미있습니다.

다른 활동도 할 수 있어요

찰흙으로 코나 손, 발 모형을 만들기

4세 이후의 유아부터 초등 저학년까지 몸뜨기 활동을 무척 좋아합니다. 그러나 4세 미만은 몸뜨기를 통해 자기 몸을 관찰하는 것에 흥미를 갖지 못할 수도 있습니다. 그럴 경우 찰흙을 이용해서 몸의 일부를 쉽고 재미있게 만들 수 있습니다. 조그마한 손, 예쁘고 귀여운 코, 발, 눈 등을 만들며 몸의 쓰임을 알려 줍니다.

⑤ 동물 지도 만들기

아이가 이럴 때 활동하면 좋아요
- 동물을 좋아하거나 무서워할 때
- 동물원에 소풍 갈 때

 어떤 책을 이용할까요?

《행복한 사자》 (루이제 파쇼 글 | 로저 뒤봐젱 그림 | 시공주니어)

공원 한가운데 행복한 사자가 살고 있습니다. 공원에 오는 마을 사람들은 언제나 우리 안에 있는 사자에게 맛난 음식도 주고 반갑게 인사합니다. 어느 날 공원 관리인이 실수로 사자 우리 문을 열어 놓고 퇴근하자, 사자는 친구를 찾아 마을로 내려갑니다. 그런데 동물원 우리 안에 있었을 때는 반갑게 인사하던 사람들이 사자가 다가가자 비명을 지르며 도망칩니다. 다행히 친절한 프랑소와를 만나 사자는 무사히 동물원으로 돌아옵니다.

 이 활동을 하면 무엇이 좋을까요?

유아기 아이들은 자신을 닮은 작고 귀여운 동물이 나오는 그림책을 좋아합니다. 길에서 만나는 강아지나 고양이도 좋아하고, 동물 인형도 좋아하지요. 그럼 동물원에서 만나는 덩치 큰 코끼리, 물개 같은 동물을 보면 어떻게 행동할까요? 이 책은 동물을 특별히 좋아하거나, 혹은 두려워할 때, 온 가족이 동물원에 갈 때, 동물과 식물의 생태를 알려 주고 싶을 때 읽으면 좋습니다. 함께 읽고 활동하면 동물과 친해지고 동물과 식물의 차이를 이해할 수 있습니다.

지도를 펼쳐 놓고 동물들이 사는 지역을 표시해 보면 전 세계 여러 나라에 사는 특별한 동물들을 알 수 있고, 자연스럽게 동물들의 생태환경에 관심을 갖기도 합니다. 북극곰이나 진돗개, 캥거루 같은 친숙한 동물이 어디에 어떻게 살고 있는지 좀 더 알고 싶어진다면 가장 궁금한 것부터 하나씩 동물사전을 만들어 볼 수도 있습니다.

같은 활동을 위한 추천 그림책

《알록달록 동물원》 (로이스 엘러트 지음 | 시공주니어)
동그라미, 세모, 네모를 이용해서 그린 호랑이 얼굴이 나옵니다. 커다란 동그라미가 없어지면 어떤 모습이 될까요? 쥐와 비슷하네요. 사각형이 없어지니 꼭 여우 같네요. 이런 식으로 해서 아홉 가지 동물 얼굴을 만날 수 있습니다. 여러 도형이 합쳐진 데에서 도형 하나가 빠져나갈 때마다 다른 동물이 되는 것이 신기할 뿐 아니라 재미있기도 합니다. 그렇게 여러 동물의 얼굴을 쉽게 그려서 동물 지도를 만들 수 있습니다.

《손바닥 동물원》 (한태희 지음 | 예림당)
오손이 도손이네 가족이 동물원에 갔어요. 그런데 손바닥 도장으로 꽃도 그리고 동물들도 그려 넣었네요. 곰, 기린, 코끼리, 호랑이, 사자, 원숭이, 토끼, 공작, 두루미, 앵무새, 독수리를 손바닥 도장을 이용해 그릴 수 있어요.

이렇게 진행해 보세요

1 백지도와 동물 사진을 준비합니다.

2 지도 위에 어떤 동물들이 사는 지 이야기를 나눕니다.

3 동물 사진과 지도의 위치를 확인합니다.

4 지도 위에 동물 사진을 붙입니다.

5 겹치지 않게 잘 붙입니다.

6 사진을 붙인 후 색을 칠해서 예쁜 동물 지도를 완성합니다.

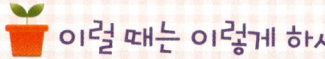 **이럴 때는 이렇게 하세요**

동물을 그리기 싫어하면 동물 스티커를 찾아 붙여 보세요. 시중에 파는 백지도는 크기가 스케치북 정도여서, 동물 그림이나 스티커가 너무 크면 붙이기 어렵습니다.

Q 동물 그림은 인터넷에서 찾아 인쇄하는 게 더 쉽지 않을까요?
A 요즘은 잘라 쓸 수 있는 화보가 서점에 많이 나와 있습니다. 환경, 동물, 식물 같은 주제로 구분되어 있으니, 화보를 잘 이용하면 더 멋진 작품이 나옵니다.

Q 백지도를 꼭 사야 하나요?
A 지도책을 보면서 스케치북에 직접 그려도 되고, 먹지를 대고 그려서 써도 됩니다.

다른 활동도 할 수 있어요

동물 그림책 만들기

세계지도나 지구본을 준비하고 각 대륙에 분포되어 있는 동물들을 그리거나 오려 붙이면서, 지구에 있는 나라들을 공부하고 동물의 서식지의 특징도 이해할 수 있습니다. 아이가 어리면 세계지도보다는 우리나라 지도를 갖고 동물 지도를 만들거나, 아이가 좋아하는 동물을 한 페이지씩 그려 넣고 묶어서 '동물 그림책'을 만들 수 있습니다.

6 자석 인형 만들기

> **아이가 이럴 때 활동하면 좋아요**
> - 형제나 친구와 자주 싸울 때
> - 숫자나 구구단 공부를 시작할 때

 어떤 책을 이용할까요?

《아기오리 열두 마리는 너무 많아》 (채인선 글 | 유승하 그림 | 길벗어린이)

엄마 오리가 아기 오리를 열두 마리나 낳았어요. 엄마 오리는 열두 마리는 너무 많다고 생각하여 처음에는 여섯 마리만 있으면 하다가 차차 네 마리, 세 마리, 두 마리만 있었으면 하고 생각했어요. 그러던 어느 날 갑자기 늑대가 나타나 아기 오리를 잡아먹으려 하자 아기 오리 열두 마리는 힘을 모아 늑대를 물리칩니다. 그 뒤 엄마 오리는 새끼가 많은 것이 꼭 나쁘지는 않다고 생각하며 행복해합니다.

 이 활동을 하면 무엇이 좋을까요?

엄마 오리의 말에 따라 열심히 네 줄, 세 줄 바꿔서 줄을 서는 오리들의 모습은, 운동장에서 이리저리 줄을 맞추느라 애쓰는 아이들 모습과 같습니다. 동생이나 형과 사이가 좋지 않아 자주 싸우는 아이의 경우, 이 활동을 하면서 형제의 소중함을 느끼게 됩니다. 또한 구구단을 처음 배우는 아이와 함께 오리들 줄 세우기를 하다 보면 자연스럽게 몇과 몇이 곱해지면 12가 되는지 알게 됩니다. 그러나 수에 대한 감각을 익히고 배우기에 급급하다 보면 재미를 놓치게 됩니다. 만든 자석 오리를 갖고 놀면 스스로 수를 깨치는 순간이 옵니다.

자석인형은 그냥 갖고 놀아도 좋지만 냉장고에 붙여 두고 퀴즈놀이를 해도 재미있습니다. 이리저리 위치를 바꿔가며 엄마가 문제를 내면 아이들이 답을 맞히면 됩니다. 지루해 지면 자석인형을 좀 더 만들어 큰 숫자에 도전해 보세요.

같은 활동을 위한 추천 그림책

《터널》 (앤서니 브라운 지음 | 논장)
앤서니 브라운의 그림책으로, 다투던 오누이가 터널을 통해 사이가 좋아진다는 이야기를 담고 있습니다. 내성적인 여동생은 책을, 활동적이고 짓궂은 오빠는 축구공을 좋아합니다. 막대자석을 이용하면 끌어당기고 밀어내는 현상이 뚜렷해서 재미있습니다. 형제가 서로 좋아하는 취미와 싫어하는 취미들을 짝지어서 이야기로 풀어 볼 수 있습니다. 막대자석은 서로 다른 극성을 띠지만 한 몸이지요. 마찬가지로 형제는 서로 성격이 달라도 한 가족이라는 것을 느낄 수 있습니다.

《눈사람 아저씨》 (레이먼드 브릭스 지음 | 마루벌)
글자가 없는 그림책이지만 섬세한 상황 설정과 생생한 인물들의 표정으로 보스턴 글로브 혼 북 상을 받았습니다. 냉장고에 큰 눈사람 그림을 붙인 다음 코, 목도리, 장갑 등 다양한 장식을 만들고 붙여 가며 놀기에 좋아요.

이렇게 진행해 보세요

1 칼라믹스(클레이), 글루건, 자석과 공작 도구를 준비합니다.

2 노란색 새끼 오리와 파란색 어미 오리의 몸을 만듭니다.

3 글루건으로 스틱을 녹여서 자석에 붙입니다.

4 자석과 인형을 붙입니다.

5 냉장고에 자석 인형을 붙입니다.

6 자석 인형을 이용해 열두 마리 오리 이야기를 가족이나 친구들에게 발표합니다.

🌱 이럴 때는 이렇게 하세요

칼라믹스는 대형 할인점에서 여러 가지 색이 들어 있는 것을 사면 됩니다. 그런데 양이 적기 때문에 큰 작품은 하기 어렵고 여러 개 만들 수도 없습니다. 칼라믹스 공예를 하는 분이 주변에 있으면 전문가용으로 크기가 큰 것을 색깔별로 사다 달라고 부탁하는 것이 좋지요. 집 근처 상가에 이런 공예를 가르치는 곳이 있는지 찾아보세요. 큰 지우개 정도 크기의 칼라믹스를 살 수 있습니다. 끓일 때는 아이들을 더 조심하게 합니다. 궁금한 아이들이 우르르 몰리면 사고가 날 수 있습니다.

클레이는 공기 중에서 가만히 두면 굳기 때문에 안전합니다. 손에 잘 묻지 않지만 가격이 비쌉니다. 필요에 따라 선택하시면 됩니다.

Q 칼라믹스 외에 색찰흙으로 하면 안 될까요?

A 찰흙이나 지점토로 인형을 만들어 잘 굳힌 다음 래커를 칠하면 좀 더 견고해져서 갖고 놀 수 있습니다.

Q 칼라믹스를 끓이지 않고 사용하면 안 될까요?

A 굽거나 끓여서 익히면 아주 단단해져서 오래오래 갖고 놀 수 있습니다.

다른 활동도 할 수 있어요

바둑돌로 아기 오리 줄 세우기 놀이

책에 등장하는 오리의 모습을 칼라믹스로 만들기가 어렵거나 준비물이 없는 경우에는 바둑돌이나 체스 말을 이용하여 오리 형제 흉내를 내며 활동할 수 있습니다. 오리처럼 줄을 세워 가며 수 개념을 익힐 수 있습니다.

II 쉽고 재미있게 그림 그리기

미술 놀이처럼 아이들의 모든 감각을 동원하게 하는 놀이가 또 있을까요. 보고, 그리고, 무엇을 그릴까 궁리하고, 색을 고르고, 색감의 차이를 구분하는 작업들을 통해 아이들의 창의력과 표현력을 높입니다.

아이들의 그림에는 자신의 경험이나 마음이 담깁니다. 그림 안에 자신만의 또 다른 세계가 존재합니다. 따라서 그림을 그리며, "이건 뭐고, 이건 뭐야" 하며 그 역할을 지정해 주고 설명합니다. 자신의 세계가 어떠한지를 엄마에게 친절하게 설명해 주는 셈입니다. 엄마는 아이의 그림을 보고 설명을 들으며 아이의 생각을 듣고 볼 수 있습니다. 자신의 세계를 표현한 미술 결과물은 아이에게 자신감을 심어 줍니다. 그 것은 온전히 아이만의 것이니까요.

《백두산 이야기》는 웅장한 신화를 그림으로 보여 줍니다. 신화가 주는 상상의 세계에서 높은 하늘, 넓은 땅, 거대한 산맥은 아이에게 큰 세상 속의 자신을 알게 합니다. 눈의 흰색과 자신의 검은 피부색을 대조하는 《눈 오는 날》의 소년을 통해 자신과 피부색이 다른 아이들에 대해 인식합니다. 작은 물고기 《으뜸헤엄이》를 읽다 보면 진정한 리더십이란 잘난 체하는 것이 아니라 협력을 끌어내는 지혜와 용기라는 것을 마음으로 느끼게 합니다.

독후활동으로 그리기를 할 때는 다양한 소재를 통해 정해진 틀을 벗어나 자유롭게 자기 생각을 표현하도록 격려하는 것이 중요합니다. 그리는 것도, 그림을 그리는 소재도, 다 아이의 마음을 표현하는 도구가 되어야 합니다. 《멋대로 맘대로 윌로》와 《새똥과 전쟁》은 그림 그리기를 어려워하는 아이들에게 용기를 주는 책입니다. 윌로처럼 자유롭고 단순하게 표현해도 멋진 그림이 된다는 것을 알려 줄 수 있고, 그리기에 자신 없는 아이도 도전하고 싶은 마음이 들도록 합니다.

그리기는 누가 가르치지 않아도 아이들 스스로 재미있게 하는 놀이입니다. 색모래로 꾸미는 그림이나 사포에 그리는 그림도 아이들에게는 아주 특별한 경험이 됩니다. 과자와 글루건으로 하는 활동은 표현 도구에 얽매이지 않는 자유를 느끼게 합니다. 눈에 보이지 않는 생각이나 감정을 그림으로 표현하면서 아이들은 정말 좋아합니다. 그림을 그리는 동안 자신도 모르는 사이에 답답한 것이 풀어지고 즐거워지기 때문입니다.

1 글루건으로 그리기

아이가 이럴 때 활동하면 좋아요
- 호기심이 많아 새로운 활동을 즐길 때
- 벽 같은 것에 낙서하기 좋아할 때

 어떤 책을 이용할까요?

《멋대로 맘대로 윌로》 (데니즈 브레넌 넬슨·로즈마리 브레넌 글 | 시드 무어 그림 | 찰리북)

초록색 잎에 갈색 줄기, 빨간 사과. 꼭 그렇게 그려야 하는 걸까요? 윌로는 그렇게 생각하지 않습니다. 눈을 감으면 분홍색 나무도 볼 수 있고, 파란 사과나 아주 특별하고 이상한 눈사람도 그릴 수 있으니까요. 하지만 미술 선생님은 윌로의 그림을 이해하지 못합니다. 선생님이 "누가 그래?" "이상한 거 말고 보통 눈사람" "그런 건 없어"라고 말하지만 윌로의 상상은 멈추지 않습니다. 창의성을 없애고 정해진 틀에 넣으려는 어른들의 음모를 꿋꿋이 이겨 내라고 말하는 윌로의 행복한 미소가 돋보이는 책입니다.

 이 활동을 하면 무엇이 좋을까요?

'모든 아이는 예술가'라는 피카소의 말처럼 어린아이들은 모두 창의적입니다. '무엇은 어떠하다'라는 고정관념이 없기 때문이지요. 아이들에게 '무엇을 어떻게' 하라고 말하지 않고 마음껏 자기 생각을 표현하라고 말하고 싶을 때, 이 책을 읽고 활동해 보세요. 그리기나 만들기 또 글쓰기를 할 때도 어떤 도구를 어떻게 이용할지 아이들 스스로 선택하고 만드는 과정에서 배우고 느끼며 생각을 키워 갑니다.

글루건은 뜨거워서 아이들이 쉽게 다루지 못하지만, 주의를 기울이면 멋진 그림을 그릴 수도 있고 상상력을 자극하는 도구가 되어 줍니다. 또 크고 작은 물방울 같은 모양도 만들 수 있고 아주 가는 실처럼 되기도 합니다. 글루건 같은 색다른 도구를 사용하면 아이들은 틀에 박힌 생각에서 벗어나 조금 다른 것을 생각하게 됩니다.

같은 활동을 위한 추천 그림책

《우리 엄마 어디 있어요?》 (기도 반 게네흐텐 지음 | 한울림어린이)

엄마를 잃어버린 아기 물고기 하양이가 엄마를 찾아 세상으로 나갑니다. 빨간색 게를 만나고, 주황색 불가사리를 만나고, 노란색 달팽이를 만나고……. 하지만 모두 다 하양이의 엄마는 아니었어요. 하양이의 엄마는 알록달록 무지개색 물고기였어요. 이제 하양이는 자신이 어떤 색을 가졌는지 알게 되었답니다. 색과 기본 모양을 제외하고 과감하게 생략한 그림으로 색의 개념을 알게 하고 쉽게 따라 그릴 수 있습니다.

《미술관에 핀 해바라기》 (제임스 메이휴 지음 | 크레용 하우스)

미술관에 간 케이트는 그림 속의 사물이나 사람들과 이야기를 나누어요. 그림 속의 공간으로 오가는 흥미로운 내용을 보면서 해바라기를 글루건으로 그려 볼 수 있어요.

이렇게 진행해 보세요

1 글루건, 검은색 도화지, 크레파스, 색모래를 준비하고 책을 읽어요.

2 책 속의 주인공처럼 멋대로 마음대로 그릴 내용을 생각해 봅니다.

3 크레파스로 밑그림을 그립니다.

4 그려진 선을 따라 글루건으로 그려요.

5 글루가 굳기 전에 색모래로 다양한 색을 넣어요.

6 멋대로 마음대로 그림이 멋지게 완성됩니다.

🌱 이럴 때는 이렇게 하세요

도화지는 두꺼운 것으로 준비하세요. 얇은 종이는 글루건으로 그림을 그리면 울퉁불퉁해질 수 있습니다. 뜨거우니까 글루건을 사용할 때는 조심, 조심 또 조심하세요. 호기심 많은 아이는 식기 전에 손으로 만져 보고 싶어 합니다. 손을 델 수 있으니 미리미리 알려 주시고, 엄마가 다른 곳에 치워 두시는 것이 안전합니다.

Q 그림 위에 거미줄과 같은 것을 글루건으로 표현할 수 있다고 하는데요?
A 물통에 물을 떠 놓고 그 위에 글루건으로 그린 후에 식은 것을 그림에 붙이면 됩니다.

Q 글루건을 이용해서 입체감을 주려면 어떻게 해야 하나요?
A 상자의 바닥에 그림을 붙여 넣고, 글루건으로 그린 그림을 비어 있는 상자 뚜껑 부분에 놓이도록 붙이면 거미줄이 입체적으로 있는 것처럼 보입니다.

다른 활동도 할 수 있어요

반짝이 물풀 사용하여 그림 그리기

그림을 그릴 때 크레파스만 사용하지 말고 월로처럼 다양한 소재를 활용하면 그림에 대한 흥미가 높아집니다. 나이가 어리면 글루건을 사용하기가 위험할 수 있습니다. 그럴 때는 문구점에 파는 반짝이 풀을 글루건 대신 사용하면 안전합니다.

2 색연필로 그리기

아이가 이럴 때 활동하면 좋아요
- 색칠하기에 관심을 보이기 시작할 때
- 동생이나 친구와 전쟁놀이를 하며 거칠게 놀 때

 어떤 책을 이용할까요?

《새똥과 전쟁》 (에릭 바튀 지음 | 교학사)

아주 가까이 사는 다정한 이웃인 빨간 나라와 파란 나라는 서로 사이가 좋아 임금님들이 만나 가끔 산책할 때도 있습니다. 어느 날 우연히 두 임금님의 코에 새똥이 떨어지자 서로 얼굴을 붉히며 싸움이 시작됩니다. 이 싸움은 두 나라 사이의 전쟁이 되고 말아요. 전쟁에 지친 백성들은 화해하지만, 두 임금님은 전쟁을 멈출 생각이 없습니다. 백성들은 장기를 두면서 싸움을 대신하게 합니다. 그래서 임금님들은 장기를 두고, 백성들은 편안히 살게 되었다는 이야기입니다.

 이 활동을 하면 무엇이 좋을까요?

빨강과 파랑 두 색만으로도 심심하지 않은 그림책 한 권이 완성되는 것을 보면서 세상은 그다지 복잡하고 어려운 것이 아니라는 것을 느낄 수 있습니다. 초등학교 입학 전

아이들은 자기중심적인 사고를 하는 단계입니다. 그래서 친구의 생각이나 처지를 이해하고 배려하기는 어렵습니다. 오랜만에 엄마 친구들이 모여 차라도 마시면, 서로 물건을 빼앗고 던지고 꼭 한두 녀석이 울음을 터뜨리죠. 아이들이 모여서 서로 양보하며 다정하게 노는 모습을 보기는 쉽지 않습니다. 이럴 때 한 엄마가 보모가 되어 이 책을 읽어 주고 함께 이야기를 나누고 그림을 그리면 좋습니다. 굳이 친구들 모임이 아니더라도 가정에서 형과 아우가 자주 싸우는 경우, 양보의 필요성을 알게 하는 활동입니다.

같은 활동을 위한 추천 그림책

《강아지와 염소 새끼》 (권정생 글 | 김병하 그림 | 창비)
강아지와 새침데기 새끼 염소가 아옹다옹하다가 어느새 친구가 되어 뛰어노는 모습이 사랑스럽게 그려졌습니다. 권정생 선생님이 소년 시절에 쓴 시에는 친근한 말의 맛과 소박한 정서가 잘 살아 있습니다. 다툼도 있지만 서로 어울릴 수 있다는 이야기를 검은색 염소와 흰색 강아지의 색채 대비를 이용해 시각적으로 잘 표현해 줍니다. 아이들이 둘의 모습을 그리며 평화로운 어울림을 느낄 수 있어요.

《눈물바다》 (서현 지음 | 사계절)
누구에게나 울고 싶은 날이 있습니다. 특별히 잘못한 것도 없는데 매번 일이 꼬이는 날이 있습니다. 신나게 놀던 아이들은 사소한 일로 다투기도 합니다. 그렇게 마음에 슬픔이 찾아올 때 눈물은 위로가 됩니다. 작가는 주인공이 처한 감정에 따라 눈의 모양을 다르게 그리고 있습니다. 아이는 작가를 따라 자신의 감정을 표현하는 모습을 색연필로 그리며 마음의 응어리를 풀어낼 수 있습니다.

🌱 이렇게 진행해 보세요

1 색연필과 책을 준비합니다.

2 두 나라의 싸움을 흥미롭게 읽습니다.

3 두 나라가 분쟁을 해결하는 장면을 찾아 밑그림을 그립니다.

4 빨간 나라의 성의 색을 칠합니다.

5 두 나라가 땅굴을 통해 다른 성으로 가는 모습을 그립니다.

6 엉뚱하게 서로의 성을 차지한 모습을 보며 흥겨워합니다.

이럴 때는 이렇게 하세요

섬세하게 칠하기는 연필형 색연필을 사용하는 것이 좋습니다. 아이들은 한 가지 색에 집중하는 경향이 있습니다. 여자니까 남자니까 어떤 색을 좋아해야 한다거나 그러지 말아야 한다고 가르치기보다는 아이 스스로 자기가 좋아하는 색을 찾도록 도와주세요. 친구랑 싸운 뒤라면 그 친구를 불러서 함께 《새똥과 전쟁》 책을 읽고, 서로 다른 색을 이용해서 같은 그림을 완성하도록 하는 것도 좋습니다.

Q 꼭 색연필로 그려야 하나요?

A 굳이 색연필이 아니어도 좋습니다. 사인펜이나 매직, 크레파스 등 모든 색칠 도구를 사용할 수 있습니다.

Q 책에 있는 장면뿐 아니라 아이의 생각이나 경험이 담긴 그림을 그려 보는 것도 좋겠지요?

A 네, 그렇습니다. 아이들의 실제 경험이 묻어 있는 그림도 좋고 혼자가 아니라 여럿이 함께 그려도 좋습니다.

다른 활동도 할 수 있어요

집 안이나 공원에서 편 나누어 숨바꼭질하기

유아기부터 초등학교 저학년까지 남자아이들은 편 갈라서 하는 총싸움이나 칼싸움을 좋아합니다. 때문에 집집이 장난감 총이나 칼이 있지요. 그러나 이런 장난감을 갖고 지나치게 놀다 보면 위험할 경우가 있습니다. 친구들과 여럿이 공원이나 놀이터에서 편을 가르고 놀이의 규칙을 정하여 숨바꼭질 놀이를 해 보면 총이나 칼이 없이도 즐거운 놀이를 할 수 있다는 것을 알게 됩니다.

3 사포에 그리기

> **아이가 이럴 때 활동하면 좋아요**
> • 창의적인 미술 활동을 알려 주고 싶을 때
> • 눈 오는 날 집에서 심심해할 때

 어떤 책을 이용할까요?

《눈 오는 날》 (에즈라 잭 키츠 지음 | 비룡소)

어느 겨울날 아침. 피터가 눈을 떠 보니 창밖이 온통 하얀색으로 변해 있습니다. 피터는 밖으로 나가 눈밭을 뛰어다니며 놀았습니다. 눈밭에 누워 천사를 만들기도 하고, 이렇게 저렇게 걸으며 발자국을 남기며 혼자 놀다가 집으로 돌아옵니다. 피터는 내일 갖고 놀려고 외투 주머니에 눈 뭉치를 넣어 두지만 아쉽게도 눈은 다 녹아 버립니다. 몇 장의 색종이만 가지고 표현한 듯 단순한 그림이지만 아이의 심리와 눈 쌓인 작은 동네의 온화한 분위기가 잘 전해집니다.

 이 활동을 하면 무엇이 좋을까요?

추운 겨울날, 눈밭에서 온종일 놀고 들어와서 따뜻한 방에 모여 앉아 이런저런 이야기 나누며 활동하기 좋은 그림책입니다. 아이들은 눈 오는 날 멋진 눈사람도 만들고 눈 더

미에서 미끄럼도 타며 놀다가 햇살이 눈을 녹여 물이 되는 것을 무척 슬퍼합니다. 사포에 그림을 그리면 사각사각 색연필이나 크레파스가 스치는 느낌이 새롭게 느껴지고 겨울의 밤하늘 같은 느낌을 줍니다. 더불어 주인공 소년은 얼굴이 왜 까만지도 이야기 나누면 어떨까요?

같은 활동을 위한 추천 그림책

《행복한 물고기》 (미스 반 하우트 지음 | 보림)
까만 바다를 헤엄치는 스물한 마리의 물고기들을 다양하게 느끼게 합니다. 그림이 어렵지 않아 아이들이 손쉽게 따라 그릴 수 있어요.

《쨍아》 (천정철 시 | 이광익 그림 | 창비)
잠자리와 꽃, 개미 등 자연 속에서 흔히 볼 수 있는 생명을 통해 생명과 죽음에 관해 이야기합니다. 파란 하늘을 자유롭게 날아다니다 어느덧 수명이 다해 과꽃 아래 조용히 숨을 거둔 잠자리 한 마리. 어떻게 알았는지 개미들이 줄을 지어 하나둘 모여들더니 잠자리를 나눠 들고 긴 장례를 준비합니다. 책의 그림들은 곱고 환상적인 색감을 가지고 있어서, 사포의 질감을 이용해 개미를 그리면 비슷한 느낌을 낼 수 있어요.

이렇게 진행해 보세요

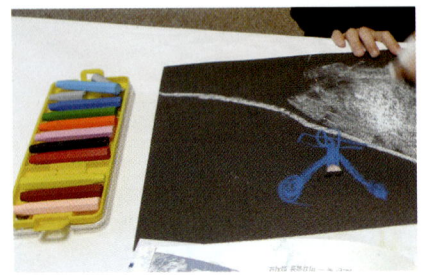

1 사포와 색연필 혹은 크레파스를 준비하세요.

2 책을 읽으며 그림을 그릴 장면을 선택해 보세요.

3 윤곽선을 그리며 전체 구도를 잡아 보세요.

4 주인공의 모습을 그립니다.

5 눈을 표현할 하얀색을 넣어 보세요.

6 사포의 질감이 살아 있는 멋진 그림을 완성할 수 있어요.

🌱 **이럴 때는 이렇게 하세요**

거친 사포는 색칠하기가 쉽고, 고운 사포는 섬세한 그림 그리기에 좋습니다. 피터를 따라 천사 만들기를 해도 좋고 다양한 활용이 가능한 책입니다. 사포에는 색연필보다 크레파스가 훨씬 부드럽게 칠해집니다. 사포에 크레파스나 색연필이 긁히면서 가루가 나옵니다. 아무 데나 털지 않도록 미리 신문지를 깔고 시작하세요.

Q 사포는 어떤 것을 어디서 구할 수 있나요?
A 문구점에서 살 수 있습니다. 철물점에 가면 다양한 굵기의 사포를 살 수 있습니다.

Q 사포 말고 다른 종이에 그려도 비슷한 느낌이 들 수 있나요?
A 한지나 두꺼운 공예용 종이들로 또 다른 느낌을 만들 수 있어요.

Q 크레파스 말고 물감으로도 그릴 수 있나요?
A 아크릴 물감은 사용할 수 있습니다.

Q 사포를 이용해서 그리기 좋은 그림은 어떤 것들이 있을까요?
A 박수근 화백의 그림은 따라 그리기 좋은 그림이 많이 있습니다.

다른 활동도 할 수 있어요

〈스노우 맨〉 애니메이션 보기

눈 내리는 날 이야기 가운데 〈스노우 맨〉이라는 애니메이션이 있습니다. 이 그림책은 들판 가득 눈이 내린 날, 아이가 눈사람과 함께 하늘을 날아 크리스마스 축제가 열리는 핀란드 숲 속에서 파티를 하고 집으로 돌아오는 이야기입니다. 겨울밤 아이들의 상상력을 맘껏 발휘할 수 있는 아름다운 영상입니다.

4 색모래로 꾸미기

아이가 이럴 때 활동하면 좋아요
- 아이에게 신화를 들려주고 싶을 때
- 우리나라의 역사를 이야기해 줄 때

 어떤 책을 이용할까요?

《백두산 이야기》 (류재수 지음 | 보림)

까마득히 먼 옛날 조선이라는 평화로운 나라가 있었습니다. 한울 왕의 아들 한웅 왕자가 땅에 내려와 임금이 되고 조선은 크고 부강한 나라가 되었습니다. 그러나 이웃 나라가 쳐들어와 백성을 괴롭히자 백두거인이 나타나 백성을 구하고, 백두거인은 다시 재앙이 닥치면 깨어난다는 이야기를 전하고 잠이 듭니다. 세월이 흘러 잠든 백두거인은 거대한 산이 되었고, 사람들은 이 산을 백두산이라 부르게 되었습니다. 인간 세상이 만들어지는 웅장한 모습과 백두거인과 청룡거인의 거대하고 활기찬 모습이 읽는 사람의 마음을 움직이는 멋진 책입니다.

 이 활동을 하면 무엇이 좋을까요?

옛이야기에 흥미를 못 느끼거나 서양의 이야기에만 너무 빠진 아이들에게는 전통극을 보여 준다는 느낌으로 천천히 그 안에 담긴 이야기를 생각하며 읽어 주세요. 웅장한 백두산의 멋진 이야기가 담긴 옛이야기를 좋아하게 됩니다. 그림과 이야기의 역동성을 느꼈다면 그 감상으로 책에 나오는 노래를 배우거나, 색모래로 기억에 남는 장면을 꾸며도 좋고, 백두거인이 깨어난다면 어떤 모습일지 상상 글을 써도 좋습니다. 백두거인을 깨우고 싶다면 편지를 써 보세요. 멋지고 호소력 있는 편지를 읽고 백두거인이 나타나 줄지도 모릅니다.

같은 활동을 위한 추천 그림책

《선인장 호텔》 (브렌다 기버슨 글 | 메건 로이드 그림 | 마루벌)

사막에 사는 선인장을 주인공으로 한 생태 그림책입니다. 사막에 떨어진 씨앗에서 싹이 터 자라고 120년이 지나 쓰러지는 순간까지 선인장은 사막에 있는 동물들과 함께합니다. 자신의 몸에 보금자리를 마련한 동물들을 보호해 주고, 동물들은 선인장 몸에 기어 다니는 해충들을 잡아먹으며 함께 살아갑니다. 많은 상을 받은 따스한 느낌의 그림책으로, 색모래를 이용해 선인장 껍질의 느낌을 잘 살리며 그릴 수 있습니다.

《재미있는 내 얼굴》 (니콜라 스미 지음 | 보물창고)

숲에서 공놀이하는 아이에게 곰이 다가옵니다. 곰이 공을 빼앗아 가서 아이는 슬퍼합니다. 화가 난 아이는 곰을 약 올립니다. 결국 곰과 행복하게 어울리게 되는 과정에서 아이는 행복한 얼굴, 놀란 얼굴, 슬픈 얼굴, 화난 얼굴 등 다양한 표정을 짓습니다. 책에 나오는 그림을 참고해서 다양한 표정을 색모래로 표현하며 재미있게 즐길 수 있습니다.

이렇게 진행해 보세요

1 딱풀, 본드, 색모래를 준비하고, 책에서 마음에 드는 그림을 도화지에 그립니다.

2 색을 넓게 넣을 곳에 딱풀을 칠합니다.

3 풀을 칠한 부분에 색모래를 뿌립니다.

4 작거나 좁은 곳은 붓에 본드를 묻혀서 칠합니다.

5 색모래가 다른 곳에 가지 않게 알맞게 뿌려 줍니다.

6 멋진 백두거인의 모습이 완성됩니다.

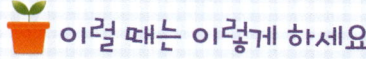 이럴 때는 이렇게 하세요

색모래로 꾸밀 때는 유아는 물풀을 사용하면 좋습니다. 초등학교 저학년의 경우는 물풀도 좋고 본드를 사용해도 됩니다.

Q 색모래는 어떻게 뿌려야 하나요?

A 색모래는 풀이나 본드가 마르기 전에 뿌려 주어야 합니다. 풀을 칠할 때는 한 부분에 뭉치지 않도록 합니다. 색모래를 충분히 뿌리고 도화지를 잘 흔들어 주면 고르게 퍼집니다. 혼자서 혹은 여럿이서 모두 가능합니다. 장소는 어디든 상관없지만, 청소하기 좋은 곳이면 더 좋습니다.

Q 경계가 되는 부분은 어떻게 해야 잘 마무리될까요?

A 먼저 경계 부분에 본드를 잘 바르고 색모래를 뿌린 후 잘 떨어냅니다. 색이 겹치지 않도록 하나씩 천천히 해 주세요. 색모래는 아주 곱기 때문에 서로 조금씩 섞이면서 의외의 멋진 표현이 되기도 합니다.

다른 활동도 할 수 있어요

★ 백두산에 대한 자료 찾아보고 이야기 나누기

이 책은 초등 고학년이나 어른이 봐도 감동적입니다. 나이가 많은 아이는 색모래 꾸미기보다는, 백두산을 중심으로 한 우리나라의 분단 문제와 백두산에 대한 이야기를 나누며 민족적 긍지를 느낄 수 있게 해 주세요.

5 과자로 그리기

아이가 이럴 때 활동하면 좋아요
- 친구와 어울리기 싫어할 때
- 색다른 그림을 그리고 싶어할 때

 어떤 책을 이용할까요?

《으뜸헤엄이》 (레오 리오니 지음 | 마루벌)

바닷속 깊은 곳에 헤엄을 아주 잘 치는 깜장 물고기, 으뜸헤엄이가 살고 있습니다. 평화롭던 어느 날 물고기 친구들이 모두 커다란 다랑어에게 잡아먹히고, 혼자 남은 으뜸헤엄이는 더 깊은 바닷속으로 가서 새로운 친구들을 만나게 됩니다. 으뜸헤엄이와 친구들은 어떻게 하면 큰 물고기에게 잡아먹히지 않고 바다를 여행할 수 있을까 곰곰이 생각하다가, 작은 물고기들이 힘을 모아 자신들을 괴롭히는 커다란 다랑어를 물리친다는 이야기입니다.

 이 활동을 하면 무엇이 좋을까요?

약하고 어린 물고기지만 서로 의지하고 돕는 과정을 통해 놀라운 힘을 발휘할 수 있다는 가치와, 친구의 소중함을 자연스럽게 알게 해 줍니다. 누구나 따라 할 수 있는 쉽고 재미있는 놀이의 소재를 찾을 수 있습니다. 집에서 흔히 볼 수 있는 잡동사니 조각들을 사용해 표현한 바닷속 풍경은 아이들의 눈길을 사로잡을 만합니다. 그림을 따라 해 보면 미술에 흥미를 잃은 아이들도 재미있게 할 수 있습니다. 과자로 바닷속 물고기들의 이야기를 표현하다 보면 서로 협동해야 하는 순간이 옵니다. 작은 물고기들이 그랬던 것처럼 혼자 하는 것보다는 여럿이 함께할 때 더 행복하고 재미를 느낄 수 있는 활동입니다.

같은 활동을 위한 추천 그림책

《내가 정말?》 (최숙희 지음 | 웅진주니어)
커 가면서 혼자 할 줄 아는 것이 많아진 아이는 아기 때 모습을 부정하고 자기의 성장을 확인하고 싶어 합니다. 이 그림책은 아이가 예쁘고 건강하게 성장한 모습을 칭찬하고 무럭무럭 자라길 바라는 마음을 전해 줍니다. 이가 다 나지 않아 몇 개 없거나 아직 머리털도 잘 자라지 않은 아기 때 모습을 과자로 만들며 자신을 더욱 사랑하게 합니다.

《헨젤과 그레텔》 (앤서니 브라운 지음 | 비룡소)
너무나 유명한 헨젤과 그레텔의 이야기가 앤서니 브라운을 통해 현대적인 배경으로 재탄생했어요. 원작의 약간 어두운 느낌은 그림에서도 나타나지만. 마지막에 생쥐가 등장하고 행복하게 마무리하면서 분위기를 바꿔 놓습니다. 책에 나오는 마귀할멈의 과자 집을 함께 만들어 볼 수 있어요.

이렇게 진행해 보세요

1 과자(바다 생물 모양 과자), 도화지, 크레용, 만능풀(본드)을 준비합니다.

2 아이와 함께 표지의 그림부터 책을 읽어요.

3 책에 나온 그림을 참고해서 밑그림을 그려요!

4 그림을 그리면서 어떻게 그릴지 함께 이야기를 나누어요!

5 밑그림을 다 그렸으면, 본드로 바다 생물 과자를 붙여요.

6 과자를 이용해서 멋진 그림이 완성됩니다.

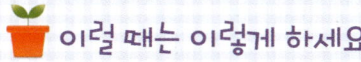 이럴 때는 이렇게 하세요

과자가 쉽게 깨지니까 조심해야 합니다. 만능풀(본드)을 넉넉히 칠해서 붙여야 나중에 떨어지지 않습니다.

Q 그리면서 과자를 다 먹으려고 해요.
A 과자를 넉넉하게 준비해서, 그림에 쓸 과자와 활동하면서 먹을 과자를 구분합니다.

Q 아이가 그림을 너무 크게 그려요.
A 너무 크게 그리면 과자를 많이 붙여야 합니다. 먼저 과자를 한두 개 붙여 보고 물고기 크기를 어떻게 그릴까 서로 의논해 보세요.

Q 그림을 그릴 때 도와줘도 되나요?
A 먼저 하려고 하지는 말고, 아이가 지루해하거나 어찌할 바 몰라서 당황할 때 조금씩 도와주세요.

Q 책에 나오는 그림과 똑같이 그려야 하나요?
A 똑같이 할 필요는 없지만, 아이들은 똑같이 그리고 싶어 할 때가 있습니다. 어느 것이든 정답은 아이가 흥미를 잃지 않는 것입니다.

다른 활동도 할 수 있어요

★ **지우개나 감자로 도장 만들어 찍기**

매일 그리는 형식에서 벗어나 다양한 도구를 활용하면 아이들의 상상력을 넓혀 줍니다. 과자로 그림 그리기는 아이들이 좋아하는 간식을 이용하여 흥미롭지만, 나이가 많은 아이들은 조금 재미없어할 수 있습니다. 그런 경우에는 지우개나 감자로 도장을 만들어 찍기 활동을 해도 좋습니다. 도장 그림을 팔 때 손을 다치지 않도록 주의시키고 부모님이 도와주세요.

Ⅲ 말하기·듣기·쓰기

아이들은 말하기를 좋아합니다. 말하면서 배우고, 말하면서 자신을 표현하고, 말하면서 친해질 수 있으니까요. 다른 사람의 이야기를 듣고, 말하는 동안에 아이는 생각 표현하기, 내용 이해하기, 다른 사람과 대화 나누기 등을 배운답니다.

《곰 사냥을 떠나자》는 아이가 엄마에게 들으며 눈으로 보고 상상했던 그림책과는 다른, 소리가 들리는 책이라고 할 수 있습니다. 작은 소리에서 큰 소리로의 변화를 아이들은 좋아합니다. 엄마를 따라서 책에 나오는 의성어를 흉내 내기도 합니다. 종이책일 뿐인데 아이는 엄마가 실감 나게 읽어 주는 의성어에서 숨소리가 들리고 쿵쾅거리는 발자국의 울림이 느껴진다고 생각합니다.

《우당탕탕, 할머니 귀가 커졌어요》는 윗집에서 어떤 소리가 나는지 귀 기울이며 위층을 노려보고 있는 할머니가 그려진 표지만 보아도 어떤 이야기를 하려는지 알 수 있는 책입니다. 주인공의 심리가 그림으로 잘 묘사되어 있어서, 층간 소음으로 불편을 겪은 사람이라면 누구나 공감하게 됩니다.

《행복한 물고기》는 아이들의 감정을 아주 잘 보여 주는 그림책입니다. 한쪽에는 물고기 그림이 여러 겹의 색으로 그려져 있고, 다른 쪽에는 '수줍어요', '놀라워요', '화나요', '행복해요' 등의 글자가 쓰여 있습니다. 감정을 표현하는 단어들을 잘 모르고 감정을 표현하는 것을 쑥스러워하는 아이들은, 물고기들의 표정을 보고 그 감정에 해당하는 글자를 읽으며 감정을 표현하는 방법을 배웁니다. 물고기 얼굴에서 느껴지는 감정을 글자에서도 느낄 수 있는 것은 작가가 직접 쓴 손글씨에 정성이 들어가 있기 때문입니다. 글자와 그림이 모두 감정 그대로 보이고 느껴지는 책입니다.

인간의 언어 능력은 듣는 것에서 시작됩니다. 다른 사람에게 자기의 생각을 잘 전달하려면 우선 무엇을 말하려는지 스스로 정돈되어 있어야 하고, 다른 사람의 이야기를 귀 기울여 들을 줄 알아야 합니다. 놀이처럼 쉽고 재미있게 귓속말을 하거나, 책을 읽고 주인공의 마음에 빗대어 자기 마음을 말로 표현하면서 아이들은 스스로 깨닫지 못했던 감정을 드러내고, 이를 통해 답답함을 풀고 마음의 안정도 찾게 됩니다.

1 옛이야기 들려주기

> **아이가 이럴 때 활동하면 좋아요**
> - 언어 표현력에 자신감이 필요할 때
> - 집중해서 듣는 훈련이 필요할 때

 어떤 책을 이용할까요?

《혹부리 영감》 (임정진 글 | 임향한 그림 | 비룡소)

아랫마을과 윗마을에 혹부리 영감이 살았습니다. 어느 날 아랫마을 혹부리 영감이 나무를 하러 갔다가 길을 잃어 도깨비에게 잡혀 죽을 뻔했지만, 오히려 아름다운 노래로 도깨비를 속여 턱밑에 있는 혹을 떼고 돌아옵니다. 윗마을 혹부리 영감도 혹을 떼러 갔지만, 오히려 혹을 한 개 더 붙여 쌍혹부리가 되었다는 이야기입니다.

 이 활동을 하면 무엇이 좋을까요?

누구나 한 번쯤 들어 본 옛이야기를 쉬운 글과 재미있는 그림으로 만날 수 있습니다. 전래 동화는 그냥 글을 읽기보다는 입말을 살려서 실감 나게 들려주는 것이 좋습니다. 아이는 들려주는 이야기를 집중해서 들으며 이미지를 그리며 상상을 합니다. 옛이야기를 들으며 이야기에 집중하면 말하기와 듣기 훈련에도 좋습니다. 아이가 들은 옛이야기를 다시 어른에게 들려주면 더욱 좋습니다. 그 과정에서 이야기를 구성하는 능력, 재밌게 전달하는 언어 표현력을 기르게 됩니다. 이때 아이가 하는 이야기가 원전과 다르거나 재미가 없어도 성의 있게 들어 주는 것이 필요합니다.

옛이야기를 누군가에게 들려주기 전에 녹음해서 스스로 한 번 들어 보는 것도 재미있습니다. 아이들은 자기 목소리가 조금 낯설게 들리는 것을 신기해해서 아주 좋아합니다. 또 좀 더 생생하게 이야기를 전달하려면 어떻게 해야 할지 생각하는 계기가 됩니다.

같은 활동을 위한 추천 그림책

《똥벼락》 (김회경 글 | 조혜란 그림 | 사계절)

돌쇠와 아버지는 욕심 많은 김부자 영감 일을 30년 동안 도와주고도 품값으로 돌밭을 받아요. 돌쇠 가족은 돌밭을 기름지게 하려고 열심히 똥을 모읍니다. 우연히 만난 도깨비는 돌쇠 가족의 밭에 온갖 똥을 모아 줍니다. 도깨비 도움으로 좋은 밭이 되자, 김부자는 '가져간 똥을 내놓든지, 똥을 먹고 자란 작물을 내놓든지' 하라고 합니다. 도깨비는 세상의 모든 똥을 김부자네 집으로 몰아주어서 혼내준답니다. 아이들이 좋아하는 똥과 도깨비가 등장하고, 착한 사람에게 좋은 일이 생긴다는 교훈을 담고 있습니다.

《훨훨 간다》 (권정생 글 | 김용철 그림 | 국민서관)

재미있는 이야기를 좋아하는 할머니는 할아버지에게 무명 한 필을 내어주며 재미있는 이야기로 바꿔 오라고 합니다. 한 농부에게서 재미있는 이야기를 들은 할아버지는 그 이야기를 할머니에게 들려줍니다. 재미있는 이야기 덕분에 도둑을 잡게 됩니다. 잘 알려진 옛이야기를 권정생 선생님이 우리 입말을 살리고 다듬어 썼습니다.

이렇게 진행해 보세요

1 책을 소리 내어 읽어요.

2 착한 혹부리 영감이 도깨비를 만나 빌고 있어요.

3 혹을 노래 주머니로 대신 주고 보물을 받은 혹부리 영감이 신이 났어요.

4 못된 혹부리 영감도 혹을 떼려고 갔지만, 도깨비가 화를 내네요.

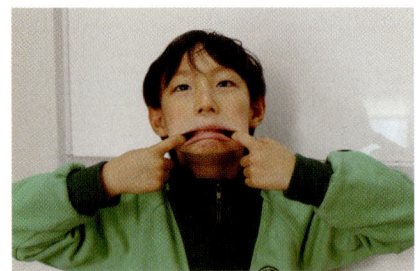

5 못된 혹부리 영감에 혹이 하나 더 붙었군요.

6 착하게 살아야 한다는 교훈으로 마무리됩니다.

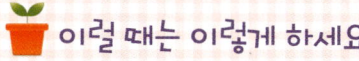 **이럴 때는 이렇게 하세요**

아이가 잠들기 전 어른이 옛이야기 책을 먼저 읽고, 그림책 없이 "옛날 옛날에 말야, 한 마을에 혹부리 할아버지가 살았어" 하고 이야기하듯 아이에게 들려줍니다. 들려줄 때에는 등장인물에 따라 실감 나게 입말을 살려 들려주고, 아이가 직접 옛이야기를 하고 싶어 하면 적극적으로 격려하며 경청합니다.

Q 옛이야기를 잘 모아놓은 책은 없을까요?
A 보리출판사에서 나온 서정오 선생님의 '옛이야기 보따리 시리즈'는 어른이 먼저 읽고 아이에게 들려주기 좋도록 편집되어 있습니다.

Q 옛이야기는 아이와 함께 책을 읽는 것이 가장 좋은가요?
A 옛이야기를 책으로 읽어 주는 것도 좋지만, 어른이 먼저 읽고 들려주는 것이 더 바람직합니다.

Q 아이가 이야기를 마무리하지 못할 때는 어떻게 하나요?
A 살짝 질문하는 것처럼 말을 하세요. "아, 그럼 이제 착한 혹부리 영감님은 신나게 잘 살고 계신 거네? 이야, 진짜 재밌다~"

> **다른 활동도 할 수 있어요**
>
> ★ **찰흙으로 혹부리 영감 모습 만들기**
>
> 아이들은 혹이 두 개 생긴 혹부리 영감의 모습을 몹시 재미있어합니다. 책을 읽고 찰흙을 이용하여 두 영감의 모습과 혹 모양을 만들어 볼 수 있습니다. 몸 전체를 만들기 힘들어 하면 흉상을 만들어도 괜찮습니다.

2 다음 장면 대사 말하기

아이가 이럴 때 활동하면 좋아요
- 글자와 그림의 조화를 알려 주고 싶을 때
- 바르고 정확한 발성을 알려 주고 싶을 때

 어떤 책을 이용할까요?

《곰 사냥을 떠나자》 (마이클 로젠 글 | 헬린 옥슨버리 그림 | 시공주니어)

날씨가 아주 좋은 날이었어요. 온 가족이 곰을 잡으러 먼 여정을 떠납니다. 곰 잡으러 가는 길에는 깊은 강물이 앞을 가로막고, 진흙탕이 방해하고, 눈보라가 몰아칩니다. 그러나 가족들은 힘을 모아 어려움을 이겨 내고 드디어 동굴에 도착합니다. 그러다가 동굴 속에 숨어 있는 커다란 곰의 반짝이는 눈빛을 보고 두려움에 쏜살같이 도망쳐 집으로 돌아옵니다.

 이 활동을 하면 무엇이 좋을까요?

이 책은 내용뿐 아니라 의성어와 의태어를 살린 문장, 그림의 조화로 보고 읽는 재미와 감동을 알게 하는 책입니다. 그냥 그런 심심한 날, 아이들과 함께 읽으며 숨바꼭질 놀이를 하거나 서로 역할을 바꿔 읽는 단순한 놀이만으로도 행복한 시간을 보낼 수 있습니다. 아이들은 대단한 장난감이 없어도 아빠나 엄마와 함께 몸을 부딪치며 노는 것을 좋아합니다. 일부러 시간 내서 놀아 줄 수 없다면 잠자리에 조금만 일찍 들어가서 이불 속에서 함께 읽어 보세요. 함께 역할을 나누고, 대사를 주고받으며 운율을 살려 읽다 보면 꿈속에서 진짜 곰 사냥을 다녀오게 될지도 모릅니다.

같은 활동을 위한 추천 그림책

《기차 ㄱㄴㄷ》 (박은영 지음 | 비룡소)
한글 자음을 이용해서 이야기를 만들었어요. 1997년 볼로냐 국제 아동도서전 논픽션 부문에 선정될 정도로 풍부한 상상이 가득한 그림책이에요. 다음에 나올 자음을 이용해서 이야기를 만들어 보며 한글 어휘도 늘릴 수 있어요.

《괜찮아》 (최숙희 지음 | 웅진주니어)
아이의 눈으로 보는 동물은 조금 이상합니다. 작은 개미, 가시가 있는 고슴도치, 다리가 없는 뱀 등. 그런데 '괜찮아'라고 말하면 약했던 모습이 오히려 장점이 된다는 내용을 보여 줍니다. 아이가 '무엇이 괜찮을까?' 상상하며 대답하면서 자신의 장점을 생각해 볼 수 있게 합니다.

이렇게 진행해 보세요

1 식구가 함께 둘러앉아 책을 읽어요.

2 흑백 장면에서 엄마나 아빠가 먼저 읽습니다.

3 어떤 장면이 나올지 이야기하며 함께 책을 넘깁니다.

4 다음 장면에 나오는 글은 아이가 읽습니다.

5 그림의 재미있는 부분을 즐겁게 이야기하게 합니다.

6 글자의 크기에 따라 목소리를 다르게 하거나 재미있게 발음합니다.

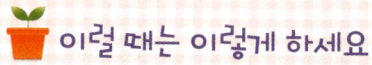 이럴 때는 이렇게 하세요

넓은 침대나 큰 이불 위에서 활동하면 좋겠지요.

Q 책을 읽을 때 목소리를 어떻게 다르게 하면 되나요?
A 그림책에 인쇄된 글자가 점점 커지므로, 목소리도 자연스럽게 커지게 합니다.

Q 의성어나 의태어를 아이에게 어떻게 설명해주어야 할까요?
A 직접 들려주거나 몸으로 표현해 주면 쉽게 이해할 수 있습니다.

Q 아이가 자꾸 그다음 장의 정답을 보려고 해요.
A 성격이 급한 아이, 호기심이 많은 아이가 궁금한 걸 못 참을 때는 너무 가리거나 막지 마시고 한두 장면은 보여 주세요. 지나치게 형식을 따지기보다는 아이가 마음 가는 대로 책을 즐기게 하면 좋습니다.

다른 활동도 할 수 있어요

★ 의성어나 의태어 중심으로 말하기

이 책은 의성어와 의태어가 그림과 함께 멋지고 조화롭게 표현되어 있습니다. 작은 글씨는 작고 부드러운 목소리로, 큰 글씨는 큰 목소리로 긴장감을 살려 읽도록 편집되어 있습니다. 책을 읽은 다음 일상에서 사용할 수 있는 의성어나 의태어에 대해 말하는 언어 표현 활동을 할 수 있습니다.

3 귓속말하기

아이가 이럴 때 활동하면 좋아요
- 공동 주택에 살 때
- 이웃과 친절하게 지내는 즐거움을 알려 주고 싶을 때

 어떤 책을 이용할까요?

《우당탕탕, 할머니 귀가 커졌어요》 (엘리자베트 슈티메르트 글 | 카롤리네 케르 그림 | 비룡소)

위층 가족은 살던 집이 좁아서 시골에 있는 삼층집으로 이사를 왔습니다. 그런데 식구들은 집이 넓고 환해서 좋지만 새로운 고민이 생겼습니다. 아래층에 사는 할머니께서 위층 가족이 시끄럽다고 화를 내시는 겁니다. 아이들은 네 발로 생쥐처럼 기어 다니며 조용히 지내야 했습니다. 그런데 위층이 조용해지자 아래층 할머니께선 '못 들어서 생긴 병'에 걸리게 되고, 의사 선생님은 할머니를 위해 시끄러운 소리가 필요하다고 말합니다. 위층 아이들이 평소처럼 시끄럽게 지내자 할머니의 귀는 정상으로 돌아오고, 서로 화목해진다는 이야기입니다. 아이들이 숨죽이는 표정과, 할머니의 귀가 한없이 커지는 장면이 재미있게 표현되어 있습니다.

이 활동을 하면 무엇이 좋을까요?

이 책을 읽으며 공동 주택에서 아래층과 위층이 어떻게 서로를 이해하고 조심하면서 지내야 하는지 아이들에게 알려 주세요. 요즈음 아파트 층간 소음이 문제가 되어 이웃 간에 분쟁이 심심치 않게 일어나고, 큰 사고가 나는 경우도 있습니다. 아래층 사람들을 위해서 조용히 말하고 걷는 놀이를 하면서 자연스럽게 조심하는 방법을 알려 줄 수 있습니다. 언어의 정확한 표현과 전달의 중요성도 알게 하는 활동입니다.

같은 활동을 위한 추천 그림책

《901호 띵똥 아저씨》 (이욱재 지음 | 노란돼지)

층간 소음 문제를 소재로 한 우리 그림책입니다. 새로 이사 간 아파트가 맘에 드는 산이와 별이는 신나게 뛰어다닙니다. 그때마다 '띵똥! 띵똥!' 요란하게 벨이 울리고 아래층 아저씨가 찾아와 시끄럽다고 혼을 냅니다. 층간 소음에는 실내화도, 이불과 매트도 아무 소용이 없답니다. 아저씨에게도 그럴 만한 사정이 있다는 것을 알게 되고, 작은 선물이 마음을 여는 기회가 되어 서로 화해한다는 이야기입니다.

《아랫집 윗집 사이에》 (최명숙 지음 | 고래뱃속)

층간 소음을 주제로 하여 만든 그림책. 특이하게 아무런 대사가 없어요. 대신 만화처럼 한 쪽에 여러 장면을 보여 줍니다. 그래서 많은 이야기를 하는 듯 느껴집니다. 주인공이 집에서 시끄러운 소리를 내는 바람에 아랫집 할아버지는 병원에 입원하고, 반대로 새로 이사 온 윗집이 엄청나게 시끄러워서 고통을 겪게 됩니다. 아랫집과 윗집 모두 사이좋게 함께 사는 방법을 그림으로 표현하고 있습니다.

이렇게 진행해 보세요

1 이웃 간의 예절에 대하여 이야기를 나눕니다.

2 함께 책을 읽어요.

3 귓속말로 이야기를 전해 봐요.

4 아랫집에 사시는 할머니께 쓸 편지 종이를 준비합니다.

5 시끄럽게 해서 죄송하다는 내용을 담아 편지를 씁니다.

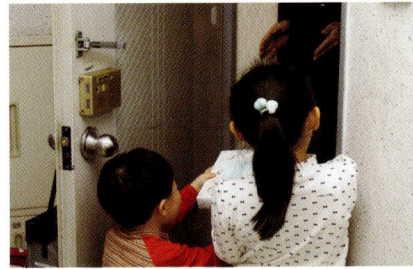

6 아랫집 어른에게 편지와 나누어 먹을 음식을 전달합니다.

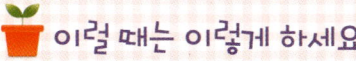 이럴 때는 이렇게 하세요

아이들이 아랫집에 편지를 쓰는 것을 어색하게 생각하면 귓속말 놀이를 해보세요. 여럿이 하는 경우는 첫 번째 친구가 하나의 문장을 만들어서 마지막 사람까지 정확하게 전달하는 거예요. 하고 싶은 문장을 멋지게 만드는 것도 재미있고, 마지막까지 문장이 정확하게 전달되는지 알아보는 것도 즐겁습니다.

Q 아이들이 층간 소음 때문에 스트레스를 받는 경우에는 어떻게 이야기해 주어야 할까요?

A 우선 윗집에 누가 사는지 서로를 아는 것이 중요합니다. 무조건 이해하라거나 참으라고 하기보다는 자기 감정을 잘 표현하도록 해 주세요.

Q 귓속말하기나 음식 나누기 외에 층간 소음으로 인한 갈등을 줄일 방법은 어떤 것이 있을까요?

A 이웃과 친해질 수 있는 계기를 만들 수 있다면 좋겠지만 혼자서는 어려운 일이지요. 먼저 쉬운 것부터 해 보세요. '승강기나 계단에서 먼저 인사하기, 몇 호에 사는 누구라고 자기소개 하기' 이런 작은 행동이 쌓이면 이웃과 친해지고 서로를 위해 배려하고 싶은 마음이 생깁니다.

다른 활동도 할 수 있어요

★ **소리 안 나게 놀기**

소리를 내지 않고 몸짓만으로 의사를 표현하며 놀아 봅시다. 이 과정에서 몸으로 하는 표현 능력이 커지고, 쿵쾅거리지 않으면서도 활동력을 높일 수 있어요.

4 마주 이야기

아이가 이럴 때 활동하면 좋아요
- 호기심이 많아 질문이 끝없이 이어질 때
- 동생이 없으면 좋겠다고 말할 때

 어떤 책을 이용할까요?

《오늘밤 내 동생이 오나요?》 (캐서린 월터스 지음 | 웅진주니어)

아기 곰 알피가 너무 심심해하자 엄마는 조금 있으면 할 일이 많아질 거라고 말합니다. 아기 동생이 오면 말이에요. 알피는 아기가 오다가 길을 잃어버리지는 않았을까 걱정되어 직접 찾아 나섭니다. 온종일 동생을 찾아다니다가 지치고 힘들어 주저앉아 있을 때, 아빠 곰을 만나 집으로 돌아옵니다. 엄마 곰과 알피가 동생에 대하여 나누는 대화에서 따듯하고 섬세한 감정이 느껴집니다.

 이 활동을 하면 무엇이 좋을까요?

동생을 보았거나 곧 태어날 동생을 기다리는 아이가 있다면 아이를 꼭 안고 이 책을 읽어 주세요. 아기 곰 알피의 얼굴에는 궁금한 것이 많은 아이의 얼굴이 숨어 있습니다. 엄마가 아기만 사랑하는 것은 아닐까? 엄마는 태어날 아기도 사랑하고, 알피처럼 형이나 누나가 될 자기도 사랑한다는 것을 느끼게 해 주는 시간이 됩니다.

아이들이 자라서 어느 날 말문이 트이고 끝없이 질문이 이어질 때가 옵니다. 종알종알 쉴 새 없이 쏟아지는 질문에 일일이 대답을 해주기가 어려울 때도 있지만, 인내심을 갖고 들어 주고 대답해 주어야 합니다. 솔직하고 친절하게 답해 주면 차츰 혼자서 차분히 생각도 하게 되지만 자기의 말을 들어 주는 엄마의 얼굴을 보며 사랑을 확인하고 정말 행복해합니다. 아이들이 하는 말을 잘 기록해 두세요. 작은 공책에 적어두고 다시 보면 '시'가 되고 '이야기'가 됩니다.

같은 활동을 위한 추천 그림책

《난 때리는 손 없어》 (박문희 엮음 | 이오덕 감수 | 보리)
아이들이 실제로 엄마나 아빠와 마주 이야기한 내용을 엮은 거예요. 이오덕 선생님이 동생이나 동무, 깨달음이나 자랑거리, 동물이나 자연환경처럼 아이들이 생각하는 온갖 것이 담겨 있는 마주 이야기를 읽고, 알맞은 풀이글을 썼습니다. 이오덕 선생님의 풀이글을 보면서 아이와 마주 이야기를 어떻게 해야 할까 배울 수 있어요.

《엄마, 자?》 (소피 블래콜 지음 | 은나팔)
호기심 많은 아이가 잠을 자다가 깼어요. 곤히 잠든 엄마에게 계속 질문을 합니다. 엄마는 그때마다 답을 해 줘요. 질문이 계속되면서 아이는 잠이 들고 엄마는 잠이 깨고 맙니다. 아이와 엄마의 대화를 통해 서로 마음이 통하는 것을 느끼게 합니다.

🌱 이렇게 진행해 보세요

1 **엄마** : 엄마 배 속에서 나왔지.

"엄마, 동생은 어디서 나왔어?"

2 **엄마** : 그럼 동생도 사랑해서 나왔지.

"그럼 동생도 나처럼 엄마랑 아빠가 사랑해서 나왔어?"

3 **엄마** : 너한테도 주고 동생한테도 주는 거야.

"나한테 주던 사랑이 동생한테 간 거야?"

4 **엄마** : 세은이는 엄마에게 온 가장 소중한 선물이야!

"난 동생이 나와서 사랑을 뺏겼는데……"

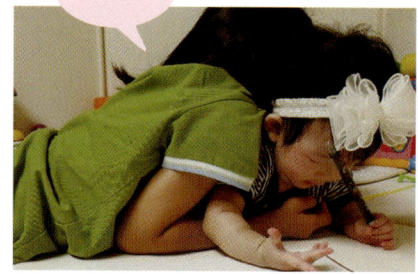

5 **엄마** : 그럼!!!

"정말?"

6 **엄마** : (말보다 행동으로 사랑을 표현해 주세요.)

"근데 왜, 엄마랑 아빠 눈길은 늘 재은이한테 가 있어?"

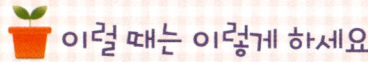 이럴 때는 이렇게 하세요

'마주 이야기'를 적는 수첩은 표지가 딱딱한 종이로 되어 있고, 손에 들고 다닐 수 있는 작은 크기가 좋습니다.

Q '마주 이야기'는 꼭 수첩에 적어야 하나요?
A 빌려 온 책이 아니라면 책 뒷면이나 여백에 간단히 메모처럼 아이의 말을 적어도 좋습니다.

Q 뭔가를 적으려고 하면 아이가 긴장하는데 꼭 적어야 하나요?
A 아이가 보는 앞에서 말을 받아 적으면 아이도 엄마도 긴장될 수 있습니다. 아이의 말을 잘 기억해서 수첩에 적거나, 메모지에 한두 마디 중요한 표현을 적어 두었다가 옮겨 쓰는 것도 한 가지 방법입니다.

Q 아이의 말만 적어야 하나요?
A 대화를 나눈 상대가 있을 때는 누구와 이야기를 나눴는지 적어 주세요. 이름과 장소, 상황 등을 자세히 적어 두면 언젠가 다시 볼 때 재미있는 이야기 재료가 됩니다.

다른 활동도 할 수 있어요

★ **엄마 동물에게 아기를 찾아 주세요!**

소나 말, 토끼, 여우 등 여러 엄마 동물과 아기 동물의 사진을 준비합니다. 그리고 엄마 동물의 아기가 누구인지 찾아 줍니다. 동물의 이름과 생김새, 특징을 통해 자연스럽게 아이와 엄마의 모습이 같다는 것을 알게 됩니다. 이 과정을 통해 새로 만난 동생이 질투의 대상이 아니라 함께 사랑을 나누는 관계라는 것을 알게 합니다.

5 마음 말하기

> **아이가 이럴 때 활동하면 좋아요**
> - 뭔가 이야기하고 싶은 표정을 지을 때
> - 아이가 자기표현을 잘 안 할 때

 어떤 책을 이용할까요?

《행복한 물고기》 (미스 반 하우트 지음 | 보림)

화가 나요, 사랑에 빠졌어, 용감해, 자랑스러워. 이런저런 사람의 감정과 마음의 상태를 표현하는 데는 그렇게 많은 말이 필요하지 않습니다. 작가인 미스 반 하우트는 물고기를 통해 단순하지만 생생하게 아이의 감정을 그려 내고 있습니다. 눈과 입 그리고 지느러미, 비늘의 색깔이 조금씩 다른 물고기들은 정말 딱 '그' 표정을 짓고 있네요. 크레파스로 쓱쓱 대충대충 그린 것 같은 그림과 알록달록한 글씨가 아이들 눈높이에 딱 맞아서 도전하고 싶은 마음이 들게 합니다.

 이 활동을 하면 무엇이 좋을까요?

그림을 보면서 그동안 아이가 느꼈던 불편한 감정을 드러내어 말할 수 있도록 해 보세요. 어른이나 아이나 자신의 감정을 누군가와 나눌 수 있다는 것은 큰 위로가 되고 기쁨이 됩니다. 어떻게 말해야 좋을지 몰라 쩔쩔매다가 느닷없이 화를 내거나 과격해지기도 하거든요. 그림을 따라 그리고, 지금 자기 마음이 어떤지 골라 보라고 해도 됩니다. 또 하루에 어떤 기분이 제일 많이 느껴지는지 순서대로 점수를 매겨 보는 것도 감정 표현에 도움이 됩니다.

같은 활동을 위한 추천 그림책

《기분을 말해봐》 (앤서니 브라운 지음 | 웅진주니어)
'기분이 어때?'라는 질문에 여러 감정을 가진 모습이 반복해서 등장하면서, 아이들이 일상에서 겪는 다양한 감성을 풍부하게 담고 있습니다. 마지막에는 자신의 감정을 들여다보고 자유롭게 표현하도록 돕습니다. 소심한 침팬지가 지루함, 행복, 슬픔, 외로움, 화, 죄책감, 자신만만함, 부끄러움 등 자기의 감정을 표현할 때, 아이도 자신의 생각과 감정을 떠올린답니다.

《화가 나는 건 당연해!》 (미셸린느 먼디 글 | R. W. 앨리 그림 | 비룡소)
어른들은 '화'를 나쁘게만 생각하기 쉽지만, 감정을 풀어낼 수 있다는 점에서 보면 화는 나쁜 것이 아닙니다. 이 책은 다른 사람에게 피해를 주지 않으면서 '화'를 어떻게 푸는지 이야기합니다. 화가 나는 상황을 아이와 이야기하고 그림으로 표현하면서, 바람직하게 화를 다스릴 지혜를 얻을 수 있습니다.

이렇게 진행해 보세요

1 검은색 도화지와 색연필을 준비합니다.

2 함께 그림을 보며 물고기의 감정에 관하여 이야기합니다.

3 '용감해'는 물고기가 어떤 모습일까 함께 이야기를 나눕니다.

4 '무서워'에서는 무서운 표정을 지어 봅니다.

5 도화지 아래쪽에는 감정을 표현하는 글씨를 쓰고, 위쪽에는 그림을 그립니다.

6 완성된 그림을 들고 감정을 표현하는 소리와 표정을 지어 봅니다.

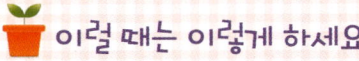 이럴 때는 이렇게 하세요

검은색이나 금색, 은색 등 다양한 바탕에 그림을 그려 보세요. 같은 그림도 느낌이 달라집니다. 같은 말인데도 조금은 다르게 느껴집니다.

Q 꼭 그림을 그려서 해야 하나요?
A '걱정인형' 만들기 활동을 해도 좋아요. 함께 만들 수 있다면 더 좋겠지만, 엄마가 만들고 아이에게는 어떤 인형인지 충분히 설명해 주면 됩니다. 눈, 코, 입이 없는 '걱정인형'이 감정에 따라 어떻게 달라지는지 그림을 그리거나 스티커를 붙여도 됩니다.

Q 속마음을 말하게 하려면 어떻게 접근해야 하나요?
A 무조건 속마음을 이야기하기는 쉽지 않지요. 먼저 그림책에 나오는 인물에게 말하게 하면서 자연스레 마음속 이야기를 꺼내도록 합니다.

다른 활동도 할 수 있어요

★ 빙고 게임

책을 읽은 뒤에 아이가 자신의 속마음을 잘 드러내어 표현하도록 하는 것은 교육적으로 대단히 중요한 활동입니다. 그러나 성격에 따라 자기 생각을 잘 표현하지 않는 아이들도 많습니다. 적극적인 표현 또한 성격이고 습관이기 때문이지요. 빙고 게임 같은 즐겁고 자연스러운 놀이를 통해 아이의 속마음을 표현하도록 합니다. 아이가 그림으로 자신의 감정 상태를 표현하고 다른 가족이 알아맞히는 것입니다.

Ⅳ 책 만들기

책을 조금씩 알아 가는 아이들은 책이 어떻게 만들어지는지 궁금해합니다. 가장 쉬운 책은 스케치북을 접어서 접힌 칸마다 간단한 그림들을 그리고 그림에 어울리는 이야기를 만들어 낸 후, 표지를 그럴싸하게 만들면 완성됩니다. 아이들은 자신만의 책을 가지고 싶어 합니다. 가슴에 담긴 풍부한 세계의 이야기를 책으로 만들어서 간직하고 싶기 때문입니다. 이 활동은 그림과 글, 그리고 만들기가 결합한 활동입니다. 아이는 자신이 직접 쓰고 그린 '내 책'을 가지며 기뻐합니다.

책 만들기에서 제일 중요한 특징은 아이 자신의 이야기든, 혹은 상상으로 만들어 낸 이야기든, 이야기의 순서를 생각하고, 덜 중요한 이야기와 더 중요한 이야기, 아이가 꼭 하고 싶은 이야기들을 넣으며 논리적으로 생각하게 한다는 것입니다. 아이들은 남에게 이야기를 들려주려면 이야기에 논리가 있어야 한다는 것을 자연스럽게 알게 됩니다.

《돼지가 주렁주렁》의 표지를 볼까요? 나뭇가지에 통통하게 살이 오른 귀여운 아기 돼지들이 사과처럼 주렁주렁 열려 있습니다. 표지를 보는 순간, '야~ 돼지가 사과야. 나무에 있어!' 하며, 왜 돼지가 나무에 올라갔는지, 나무에서 열린 것인지 등 책장을 넘기기도 전에 엄마에게 질문합니다. 아이들의 마음에 무수한 이야기가 터져 나오는 순간이지요. 아이들을 사로잡는 재미난 그림책입

니다. 《책 읽는 나무》는 책은 종이로 만들어지고 종이는 나무에서 얻어진다는 것을 알려 주는 책입니다. 그런데 단순히 답을 알려 주듯 가르치지 않고, 책 읽기를 좋아하는 나무 한 그루를 통해 아이들에게 책 읽기뿐만 아니라 '책' 자체에 관심을 두게 합니다. 《무지개 물고기》와 《괴물들이 사는 나라》는 주인공이 겪는 어려움에 공감하면서 아이들이 평소 겪는 갈등에 대해 스스로 해답을 얻게 합니다.

출판사에서 만든 멋진 그림책만 보던 아이에게 직접 책을 만들자고 하면 무척 신기해합니다. 뭔가 어렵고 복잡할 것 같다고 생각하기 때문입니다. 하지만 일단 아주 쉬운 작은 책을 만들어 보면 생각이 달라집니다. 그렇게 만든 자기만의 책을 책꽂이에 꽂아 두고 때때로 꺼내 보면서 좋아하고 누군가에게 자랑스럽게 소개합니다.

'팝업책'은 아주 단순하고 간단한 가위질 한 번으로 평범했던 종이 한 장이 갑자기 특별해지는 경험을 줍니다. '실로 엮은 책'은 어른의 도움이 조금 필요하지만, 진짜 책 같은 느낌이 들어서 아이들이 정말 좋아합니다.

책 내용을 성급히 채우려 하지 않고 천천히 자기만의 세계를 차곡차곡 채워 가다 보면 아이 스스로 작가가 된 것 같은 자부심과 감동을 느끼게 합니다.

❶ 팝업책 만들기

> **아이가 이럴 때 활동하면 좋아요**
> - 책에 별로 흥미를 느끼지 못할 때
> - 아이가 게으름을 피울 때

 어떤 책을 이용할까요?

《돼지가 주렁주렁》 (아놀드 로벨 글 | 애니타 로벨 그림 | 시공주니어)

어느 날 농부는 통통하게 살진 돼지들을 사야겠다고 말합니다. 하지만 농부의 아내는 할 일이 엄청나게 많을 거라며 반대하지요. 자기 고집대로 돼지를 사 온 남편은 침대에 누워 게으름만 피우며 누워 있기만 하고 일은 아내에게 시킵니다. 아내는 남편에게 화를 낼 만도 하지만 그렇게 하지 않습니다. 재미난 상상력으로 문제를 풀어 가는 아내의 지혜와 돼지들의 귀여운 노력으로 드디어 남편은 침대에서 일어나 돼지를 돌보게 됩니다.

 이 활동을 하면 무엇이 좋을까요?

엉뚱하고 말도 안 되는 이야기와 화면을 꽉 채우는 귀여운 꼬마 돼지들의 모습이 재미있답니다. 아이들은 돼지들이 '꽃처럼 피어나기, 비가 되어 내리기, 주렁주렁 열리기'처럼 어처구니없지만 귀여운 일을 벌이는 것을 지켜보면서 상상의 날개를 펼치게 됩니다. 농부 아내의 처지가 되어 남편을 침대에서 나오게 할 새로운 방법을 아이와 함께 상상해 보세요. 아내의 상상력보다 훨씬 재미난 장면을 생각해 내어 그림이나 글로 표현하고 싶은 생각이 든답니다.

같은 활동을 위한 추천 그림책

《누가 내 머리에 똥 쌌어?》 (베르너 홀츠바르트 글 | 볼프 예를브루흐 그림 | 사계절)
많은 아이가 좋아하며 읽는 책입니다. 이 책은 팝업북으로도 출판되었습니다. 처음 팝업북을 만드는 부모님은 이 책을 보면서 아이와 함께 쉽게 따라 할 수 있습니다. 세우기(90도로 그림 세우기), 튀어나오기(180도로 튀어나오기) 등의 기본 팝업 기능, 손으로 움직이는 플랩(날개 펼치기), 탭(손잡이 당기기), 축 회전(회전판 돌리기) 등의 기능을 더하여, 보는 즐거움뿐만 아니라 '가지고 노는 즐거움'을 느낄 수 있습니다.

《우리 가족입니다》 (이혜란 지음 | 보림)
가족의 이야기를 다룬 뭉클한 감동이 있는 그림책입니다. 이 그림책을 읽고 화면이 펼쳐질 때마다 가족 중의 한 명의 그림이 튀어나오도록 하고, 그 가족을 소개하는 글을 써서 책을 만들어 보세요.

이렇게 진행해 보세요

1 색종이, 도화지, 가위, 칼, 풀, 색연필이나 사인펜을 준비합니다.

2 책을 읽고 인상적인 장면을 이야기합니다.

3 도화지의 가운데 부분을 칼로 자른 후 볼록 튀어나오게 접습니다.

4 오려 붙일 그림을 다른 도화지에 그립니다.

5 그림을 가위로 오립니다.

6 완성된 그림을 도화지의 튀어나온 부분에 붙입니다.

7 팝업 부분을 제외한 비어 있는 부분을 글과 그림으로 꾸밉니다.

8 표지에 제목과 그림을 그립니다.

9 책을 펼치면 그림이 앞으로 튀어나옵니다.

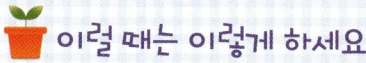 이럴 때는 이렇게 하세요

가위나 칼의 사용이 서툰 경우 스케치북 크기의 도화지로 작업하는 것이 좋습니다.

Q 팝업북은 만들기가 어렵지 않나요?

A 팝업북은 정교한 형태의 예술 작품도 있지만, 아이들과 만들 때는 가위질 한 번으로도 충분할 수 있습니다. 발달 단계에 따라 쉬운 것부터 도전해 보세요.

Q 팝업이 되도록 하는 다른 방법은 없을까요?

A 종이를 계단처럼 접어 붙이는 방법도 있습니다. 만들기에 집중하다 보면 아이의 상상을 담을 내용이 부족해질 수 있습니다. 복잡한 형태의 책은 혼자서도 잘하는 고학년에서 하고, 유아나 저학년은 단순한 책을 만들면서 내용을 알차게 꾸며 보세요.

다른 활동도 할 수 있어요

★ **나뭇가지에 돼지 그림 걸기**

돼지 여러 마리를 그린 다음 가위로 오립니다. 떨어진 나뭇가지를 구하여 테이프나 풀로 돼지들을 하나씩 붙여 보세요. 돼지의 모양과 색을 다양하게 하면 더욱 재미있는 활동이 될 수 있습니다.

② 아코디언 책 만들기

> **아이가 이럴 때 활동하면 좋아요**
> - 열두 띠에 대해서 알려 줄 때
> - 간단한 책 만들기를 하고 싶을 때

 어떤 책을 이용할까요?

《열두 띠 이야기》 (정하섭 글 | 이춘길 그림 | 보림)

까마득한 옛날, 하느님은 세상의 만물을 만든 뒤에 신을 사람들에게 보내어 삶의 지혜를 알려 주었습니다. 그러나 땅으로 내려온 열두 동물은 서로 대장이 되겠다고 다툽니다. 이 모습을 지켜본 하느님은 열두 신들이 한 해씩 돌아가며 대장을 맡도록 합니다. 그 뒤 사람들은 자신이 태어난 해에 대장인 동물을 자신의 띠로 정했다고 합니다. 귀여운 동물의 모습으로 옛날이야기를 재미있게 풀어 보여 주는 책으로, 사람들의 띠와 연관된 동물의 이야기와 띠별 이야기에 숨어 있는 삶의 지혜를 배울 수 있습니다.

 이 활동을 하면 무엇이 좋을까요?

이 활동을 통해 여러 동물의 생김과 특성을 이해할 수 있습니다. 동물들이 어떤 특성을 가지고 있는지, 사는 곳에 따라 어떤 모습을 하고 있는지도 설명해 주기 좋습니다. 또 아이들은 자신의 띠에 관한 이야기를 해 주면 무척 재미있어하고 어떤 의미인지 궁금해합니다. 아코디언 책은 다른 책에 비해 만들기가 수월합니다.

같은 활동을 위한 추천 그림책

《엄마, 난 이 옷이 좋아요》 (권윤덕 지음 | 길벗어린이)
때마다 다른 빛깔과 모양의 옷을 입고 자라는 아이들 모습을 그리고 있습니다. 월별로 주제를 정하고 그에 따른 옷과 신발, 모자, 액세서리를 보여 줍니다. 자신이 입는 옷을 열두 달에 맞게 나열하고, 옷과 관련된 이야기를 써 보면 '나만의 옷 이야기책'이 완성됩니다.

《사계절》 (존 버닝햄 지음 | 시공주니어)
각각 하나의 그림들을 모아 놓은 것처럼 다양한 기법으로 계절의 변화를 보여 주고 있습니다. 아이는 간결하게 표현된 그림을 통해서 계절의 아름다움을 더욱 풍부하게 느낍니다. 멋진 사계절 그림책을 만들 수 있어요.

 이렇게 진행해 보세요

1 색종이, 도화지, 가위, 칼, 풀, 색연필이나 사인펜, 종이테이프와 열두 동물 스티커를 준비합니다.

2 책 내용에 대해 함께 이야기를 나누고, 만들려는 아코디언 책에 들어갈 내용을 정합니다.

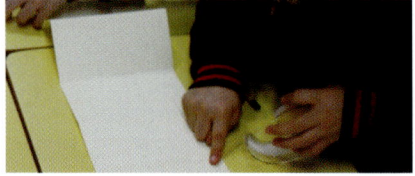

3 길게 자른 도화지를 알맞게 접은 후, 테이프로 연결하여 14면이 나오게 합니다.

4 스티커를 붙이거나, 동물의 특성에 맞게 그림을 그리고 소개하는 글귀를 넣습니다.

5 앞표지에 아코디언 책의 제목과 자신의 이름을 적고, 뒤표지에는 책처럼 바코드 모양을 그려 넣습니다.

6 다양한 형태의 예쁜 아코디언 책이 만들어집니다.

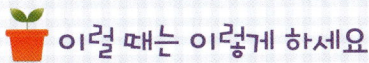 **이럴 때는 이렇게 하세요**

아이가 가위나 칼을 사용하는 데 서툴다면 자를 때 부모님이 도와주세요.

Q 그냥 종이를 접기만 하나요?
A 판매되는 종이들을 단순히 접으면 아이들이 사용하기 적당한 크기가 나오지 않습니다. 그래서 종이 한 장을 길게 반으로 자른 후 연결해서 만듭니다. 누구나 해 본 적이 있을 거예요. 어찌 보면 팝업보다 더 쉽고 여러 가지 응용이 가능하지요. 테두리를 꾸미거나 접는 면의 폭을 서로 다르게 하여 다양한 모양을 낼 수 있습니다.

Q 아이가 열두 띠를 잘 몰라도 할 수 있나요?
A 네. 열두 동물은 모두 아이들에게 친근한 동물이기 때문에, 아이들이 쉽게 열두 동물의 그림을 그리거나 스티커를 붙여 재미있게 활동할 수 있습니다.

Q 앞면만 활용하나요?
A 저학년까지는 앞면만 사용하는 것이 좋습니다. 뒷면까지 활용하는 것은 조금 더 성장한 후에 하는 것이 좋습니다.

Q 아이가 그림을 그릴 때 주의할 점은 없나요?
A 동물들을 모두 비슷하게 그리는 경우가 있습니다. 그럴 때도 칭찬을 해 주시고, 동물의 중요한 특징을 그리도록 지도해 주세요.

Q 책 표지와 뒤표지는 어떻게 그리면 되나요?
A 책 표지에는 내용의 그림 중에서 마음에 드는 것을 그리게 해주세요. 뒤표지에는 간단한 문장을 넣게 하면 좋습니다.

다른 활동도 할 수 있어요

★ **동물 사전 만들기**

7, 8세의 아이는 동물 사전 만들기를 해도 좋습니다. 종이를 책처럼 여러 장 묶고, 자기가 좋아하는 동물 사진을 잡지나 인터넷에서 구해서 준비합니다. 준비한 동물 사진을 한 장씩 책장에 붙입니다. 그리고 붙인 동물을 자세하게 소개하는 글을 적어 줍니다. 아이가 아직 한글을 익히지 못했다면 부모님이 대신 적어 주세요.

③ 실로 엮은 책 만들기

아이가 이럴 때 활동하면 좋아요
- 책의 소중함을 알려 줄 때
- 책꽂이 정리를 할 때

 어떤 책을 이용할까요?

《책 읽는 나무》 (디디에 레비 글 | 티지아나 로마냉 그림 | 국민서관)

참 이상한 나무 한 그루가 있었어요. 이 나무는 책 읽기를 아주 좋아해요. 누군가 나무 그늘에 앉거나 나뭇가지에 걸터앉아 책을 읽을 때면 나뭇잎도 책을 읽는 것 같아요. 그런데 어느 날 나무는 벼락에 맞아 불타고 부러지고 맙니다. 엄마는 슬퍼하는 아이를 위해 나뭇가지들을 모아 종이를 만들어 줍니다. 아이는 그 종이에 글을 쓰고 그림을 그려서 책을 만들었어요. 거칠고 단순하게 쓱쓱 아무렇게나 그린 듯이 보이지만 호기심 많은 나무의 모습은 궁금한 것이 많은 어린아이의 모습과 같습니다.

 이 활동을 하면 무엇이 좋을까요?

책을 소중히 다루지 않거나 책에 흥미가 없을 때 혹은 정반대로 아이가 책을 좋아하고 어떻게 만드는지 궁금해할 때 책 만들기를 해 보세요. 한 권의 책이 완성되어서 우리 손에 오려면 얼마나 많은 시간과 노력이 필요한지 알 수 있습니다. 책을 만드는 것도 좋지만, 예전과 지금의 종이 만들기가 어떻게 다른지도 알려 주고, 책이 만들어지는 전 과정을 자세히 소개하는 것도 좋습니다.

같은 활동을 위한 추천 그림책

《나의 를리외르 아저씨》 (이세 히데코 지음 | 청어람미디어)
를리외르 아저씨는 만들어진 책을 다시 고치는 일을 합니다. 해진 책을 꿰매기도 하고, 책 내용에 알맞게 표지를 다시 꾸미기도 합니다. 어느 날 아저씨에게 한 소녀가 찾아옵니다. 소녀는 아주 소중하게 여기는 도감을 들고 와 아저씨에게 고쳐 달라고 청합니다. 소녀는 아저씨가 책을 아름답게 만들어 주는 과정을 함께 지켜봅니다. 어느새 소녀와 를리외르 아저씨는 마음이 통하고, 소녀의 낡은 도감은 아름다운 그림책으로 다시 태어납니다.

《그래, 책이야!》 (레인 스미스 지음 | 문학동네어린이)
컴퓨터나 스마트폰과 책은 다르다는 것을 잘 모르는 주인공 동키는 '책에도 스크롤이 있나?'는 둥 엉뚱한 질문을 합니다. 그런 과정에서 종이로 만든 책은 전자 제품과 다른 자신의 모습을 서서히 드러냅니다. 동키의 엉뚱한 질문과 몽키의 짤막한 대답, 결정적인 순간 나타나는 마우스, 세 주인공이 주고받는 위트 넘치는 대화 속에서 책이 가진 진짜 가치를 느낄 수 있게 합니다.

이렇게 진행해 보세요

1 표지와 안종이, 돗바늘과 실을 준비합니다.

2 종이에 그림을 그리거나 글을 씁니다.

3 표지와 종이를 겹친 후, 적당한 간격으로 다섯 개의 구멍을 표시하여 펀치로 뚫습니다.

4 돗바늘에 실을 꿴 후 구멍에 끼웁니다.

5 오침안정법에 따라 돗바늘을 움직여서 책을 꿰맵니다.

6 책등이 실로 예쁘게 장식된 책이 만들어집니다.

이럴 때는 이렇게 하세요

프린트용 책 표지와 실의 색상을 잘 맞추면 좀 더 개성 있고 예쁜 책을 만들 수 있습니다.

Q 실로 엮는 것이 어렵지 않나요?

A 바늘이 들어가는 순서만 따라 하면 어렵지 않습니다. 펀치로 구멍을 뚫어 놓은 상태이기 때문에 바늘이 잘 들어가서 어린아이도 쉽게 할 수 있습니다.

Q 오침안정법이 뭐예요?

A 우리나라의 전통적인 제본 방식입니다. 동양의 제본은 모두 비슷하지만, 구멍을 5개 뚫어서 제본하는 것은 중국(4개)이나 일본(6개)과 다르게 우리나라 고유의 방식입니다.

다른 활동도 할 수 있어요

★ 종이 박물관 견학

요즈음은 공원이나 카페에서 책을 읽는 어른들을 간혹 봅니다. 그러나 아이들이 책을 읽는 모습을 보기는 쉽지 않습니다. 아이와 함께 야외에 나가서 책을 읽는다면 다른 즐거움을 느낄 수 있습니다. 또는 종이 박물관에 견학을 가서 종이의 역사와 종류, 사용 방법에 대해서 알아보는 것도 좋습니다.

종이 박물관
서울시 : 종이나라박물관(02-2664-4561)
안산시 : 종이조형미술관(032-887-0606)
전주시 : 전주한지박물관(063-210-8103)

■ **오침안정법으로 실로 엮는 방법**

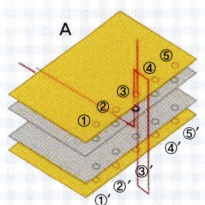
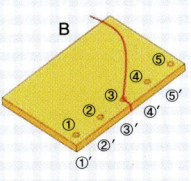
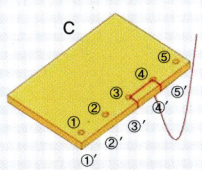
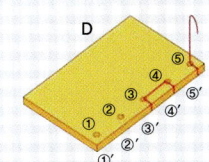
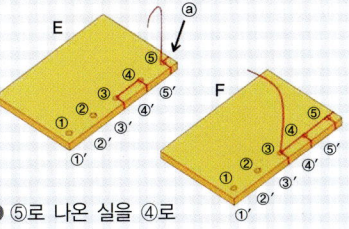

❶ 책 속지 가운데쯤에서 바늘을 넣어 ③으로 뽑아낸 후 실을 돌려 ③로 넣어 다시 ③으로 뽑아 올린다. 작업 후 모습 B가 된다.

❷ ③으로 나온 실을 ④로 넣어 ④'로 뽑아낸 후 실을 돌려 다시 ④로 넣어 ④'로 뽑아낸다. 작업 후 모습은 C가 된다.

❸ ④'로 나온 실을 ⑤'로 넣어 ⑤로 뽑아낸 후 실을 돌려 다시 ⑤'로 넣어 ⑤로 뽑아낸다. 작업 후 모습은 D가 된다

❹ ⑤로 나온 실을 책 윗부분으로 돌려 ⑤'로 넣어 ⑤로 뽑아낸다. 작업 후 모습은 E의 ⓐ가 된다.

❺ ⑤로 나온 실을 ④로 넣어 ④'로 뽑고 다시 ③'로 넣어 ③으로 뽑는다. 작업 후 모습은 F가 된다.

4 사진 책 만들기

아이가 이럴 때 활동하면 좋아요
- 미술관에 갈 때
- 여행을 다녀왔을 때

 어떤 책을 이용할까요?

《모네의 정원에서》 (크리스티나 비외르크 글 | 레나 안데르손 그림 | 미래사)

리네아는 꽃을 좋아하고 화가 모네의 그림을 좋아하는 아이입니다. 리네아는 2층에 사는 블룸 할아버지와 함께 클로드 모네 기념관으로 여행을 갑니다. 모네가 태어난 집, 모네의 그림에 등장하는 정원도 구경하고, 모네의 사촌들을 만나며 모네의 그림과 삶에 대해 공부합니다. 이 책은 블룸 할아버지와 한국인 입양아 리네아가 파리를 여행하는 동안 본 그림과 자료, 사진을 모아 기행문 형식으로 엮은 '사진 책'입니다.

 이 활동을 하면 무엇이 좋을까요?

아이들과 여행 다녀온 뒤 사진이나 자료를 모아 '사진 책'으로 만들어 두고 가끔 꺼내 보면 추억을 오래 간직할 수 있습니다. 여행할 때 미리 자료를 모으고, 돌아와서 정리하는 습관도 키울 수 있습니다. 어떤 후기를 남길지 미리 생각하고 여행을 떠난다면 좀 더 많은 것을 보고 느끼는 알찬 여행이 됩니다. 어떤 책을 만들지에 따라 보는 것이 달라지고, 여행지에 갈 때 미리 준비하는 습관도 키울 수 있습니다.

책을 만들 때 사진이 들어가면 글과 그림만 있을 때와는 달리 생동감 있는 기록이 됩니다. 아이들이 자라는 모습도 자연스레 남길 수 있고 자기만의 책이라는 특별한 느낌도 들게 되지요. 폴라로이드 카메라로 찍어서 바로바로 정리하는 것도 좋고 조작이 간단한 디지털카메라로 찍어 두면 편집이 자유로운 장점이 있습니다.

같은 활동을 위한 추천 그림책

《고릴라 가족》 (앤서니 브라운 지음 | 웅진주니어)
실제 유인원을 보는 착각이 들 정도로 눈빛과 표정이 살아 있는 그림책입니다. 고릴라 가족을 소개하는 그림을 보면서, 자신의 가족을 다양한 형태로 구성하여 사진 책을 만들 수 있습니다.

《동네 사진관의 비밀》 (정혜경 지음 | 느림보)
사진 찍기를 좋아하는 지유는 아빠가 찍은 오래된 사진 속에서 엄마를 발견합니다. 또 동네 과일 가게 아저씨와 외삼촌, 세탁소 아저씨, 할머니의 사진에서도 비슷한 만남을 하게 됩니다. 사진을 보면 온 세상 사람들과 서로 이어질지도 모른다는 생각이 듭니다. 이 책은 사진에 담긴 이야기를 생각하며 사진을 찍을 수 있도록 도와줍니다.

이렇게 진행해 보세요

1 사진, 색연필, 연필, 스테이플러, 가위, 색종이 등을 준비합니다.

2 사진을 색종이에 붙입니다.

3 사진을 설명할 글이나 모양을 꾸밉니다.

4 여백에 그리고 싶은 그림이나 이야기를 씁니다.

5 한쪽을 스테이플러로 고정합니다.

6 표지를 그리면 사진 책이 완성됩니다.

🌱 이럴 때는 이렇게 하세요

아이와 함께 여행을 다녀오면 그곳에서 갖고 온 안내문이나 입장권, 여행지에서 찍은 사진 등 자료가 많습니다. 이런 자료들을 여행지의 여정에 따라 스케치북이나 책처럼 묶은 낱장에 예쁘게 붙이고, 그곳에서 본 것과 들은 것과 한 일을 재미있게 기록합니다. 컴퓨터로 글을 써서 정리하고 사진이나 자료를 꾸며도 됩니다.

Q 컴퓨터로 편집하려면 어떻게 해야 하나요?

A 한글과 같은 워드 프로그램에서 웬만한 편집은 다 할 수 있습니다. 그 외에도 사진을 앨범처럼 만들 수 있는 무료 프로그램들이 많이 있습니다. 컴퓨터로 편집할 생각이라면 관련 주제로 검색해서 디지털 자료를 모아 두면 많은 도움이 됩니다.

Q 사진 책을 만들기 위해서 여행을 간다고 하면, 아이에게 어떻게 사진을 찍으라고 이야기해 주어야 할까요?

A 풍경이나 건물을 찍을 때 책에 나온 이야기를 생각하며 찍어 보라고 하세요. 아이 스스로 주인공이 되어서 사진을 찍어야 자신만의 이야기가 있는 여행 책을 만들 수 있습니다. 다른 사람의 책이 아닌 자신만의 여행이야기책이니 작가가 된 기분으로 처음부터 끝까지 스스로 해보도록 격려해 주세요.

다른 활동도 할 수 있어요

★ 미술관에 가기

이 책은 리네아가 프랑스 파리를 여행하면서 모네와 관련된 장소와 미술관을 방문하고 찍은 사진을 중심으로 기록한 책입니다. 이 책에 나오는 리네아처럼 여행을 다녀온 뒤에 사진 기행문을 만드는 것도 좋지만, 집 가까이 있는 미술관에 그림 전시를 보러 갈 때도 미리 읽어 보면 좋습니다.

5 병풍 책 만들기

> **아이가 이럴 때 활동하면 좋아요**
> - 친구에게 양보하는 것을 싫어할 때
> - 재활용의 중요성을 알려 줄 때

 어떤 책을 이용할까요?

《무지개 물고기》 (마르쿠스 피스터 지음 | 시공주니어)

깊고 푸른 바다에 멋진 은빛 비늘을 가진 무지개 물고기가 살고 있습니다. 무지개 물고기가 자신의 아름다운 모습을 뽐내며 잘난 체하자 친구들은 은빛 비늘을 나누어 달라고 하지요. 하지만 무지개 물고기는 들은 체도 하지 않습니다. 친구들은 모두 무지개 물고기 곁을 떠납니다. 외로워진 무지개 물고기는 비늘을 하나씩 나눠 주고, 물고기들은 다시 사이좋은 친구가 됩니다. 이 책은 나누는 기쁨과 행복을 알게 합니다.

 이 활동을 하면 무엇이 좋을까요?

유아기 아이들은 자기 중심으로 생각하기 때문에, 장난감이나 과자나 음식 등을 친구와 나누는 것을 힘들어합니다. 그럴 때 함께 읽어 보세요. 많이 갖고 있어도 행복하지 않았던 무지개 물고기가 소중한 은빛 비늘을 하나씩 나눠 주고 배우게 된 건 무엇일까요?

예쁜 비늘이 하나밖에 없지만 친구들과 함께 행복해하는 무지개 물고기를 보면서 아이들은 배웁니다. 책을 읽으며 아이들과 여러 가지 관점에서 이야기를 나눠 보세요.
병풍 책을 만들려면 먼저 어떤 내용을 그릴지 생각하고 한 장면 한 장면 간단히 밑그림을 그려 두어야 합니다. 장면을 나누면서 이야기가 전개되는 순서에 따라 글과 그림을 배치해보면 그냥 도화지 한 장에 펼쳐진 그림보다 더 많은 이야기를 담을 수 있습니다. 자연스레 시간에 따라 진행되는 서사의 개념을 배울 수 있지요.

같은 활동을 위한 추천 그림책

《배고픈 애벌레》 (에릭 칼 지음 | 더큰)
이 책은 콜라주 기법으로 그림을 표현하여 특별한 색의 느낌을 보여 줍니다. 작은 알이 자라서 멋진 나비가 되기까지의 전 과정을 소개하고 있습니다. 애벌레가 알에서 깨어나 나비가 되는 성장 과정을 통해 생명의 신비로움을 느끼게 됩니다.

《나무를 심은 사람》 (장 지오노 지음 | 프레데릭 백 그림 | 두레아이들)
황무지에 40년 동안 나무를 심어 숲이 만들어집니다. 황무지가 마을로 바뀌어 웃음을 나누는 따뜻한 삶의 이야기를 담아 오랫동안 읽히는 그림책입니다. 나무를 심는 과정을 '병풍 책'으로 만들고 간단히 이야기를 넣으면 좋은 이야기 그림책을 만들 수 있어요.

이렇게 진행해 보세요

1 깨끗이 씻어서 말린 우유팩과 색칠 도구를 준비합니다.

2 책을 함께 읽고 이야기의 주인공 물고기를 그립니다.

3 그림이 들어갈 공간을 두고 테두리에 색종이 테이프를 붙입니다.

4 바닷속에 있는 해초를 그려요.

5 무지개 물고기 이야기를 장면마다 나누어서 그립니다.

6 다양한 이야기가 담긴 '병풍 책'이 만들어졌어요!

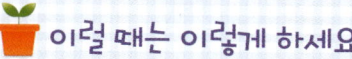 이럴 때는 이렇게 하세요

우유팩을 깨끗이 씻어서 말리면 냄새가 나지 않고 부스러기도 떨어지지 않아 만들기 활동에 좋습니다. 다 만들고 나서 테두리를 색깔 있는 종이테이프로 마무리하면 진짜 병풍 같은 분위기가 납니다. 우유팩 뒷면에 시트지를 붙이면 더욱 깔끔하게 마무리할 수 있습니다.

Q 병풍 책을 가지고 어떤 놀이나 활동을 하게 하면 좋을까요?

A 먼저 서로 읽어 주기를 할 수 있습니다. 차례로 펼쳐지는 이야기의 진행에 따라 서로 시선을 나누며 즐거워합니다. 여러 아이가 참여한다면 병풍 책 높이 쌓기 놀이도 가능하지요.

Q 병풍 책을 만들 때 두꺼운 색도화지로 바탕을 꾸미면 어떨까요?

A 만드는 방법은 다양하게 시도할 수 있습니다. 하지만 도화지가 너무 두꺼우면 예쁘게 접기가 어렵습니다.

Q 색칠하기 말고 다르게 병풍 책을 꾸밀 수는 없을까요?

A 나이에 따라 테두리를 여러 가지로 꾸미거나, 하단을 안으로 접어서 각 병풍마다 넓게 펴서 볼 수 있게 하는 등 다양하게 꾸미기나 그리기를 할 수 있습니다. 소재를 다양하게 쓸 수는 있지만 병풍 모양으로 접었을 때 쉽게 무너지거나 망가지는 소재는 피해야 합니다.

> **다른 활동도 할 수 있어요**
>
> ★ **무지개 물고기 그리기**
>
> 책에 표현되어 있는 무지개 물고기의 모습은 무척이나 아름답습니다. 나이가 어린 아이의 경우 책 만들기보다는 색 셀로판지를 이용하여 무지개 물고기를 그리기만 해도 아이가 무척 즐거워합니다.

6 작은 책 만들기

아이가 이럴 때 활동하면 좋아요
- 아이가 혼자 놀며 심심해할 때
- 늦은 시간까지 놀겠다고 떼쓸 때

 어떤 책을 이용할까요?

《괴물들이 사는 나라》 (모리스 샌닥 지음 | 시공주니어)

맥스는 투정 부리다 엄마에게 야단맞고 저녁을 굶은 채 방에 갇힙니다. 신기하게도 맥스의 방에서 나무와 풀이 자라고 커다란 강이 흐릅니다. 맥스는 배를 타고 일 년 동안의 긴 항해 끝에 괴물나라에 도착합니다. 괴물들은 맥스를 '괴물 중의 괴물'이라며 왕으로 만듭니다. 원하는 것은 뭐든 다 할 수 있지만 시간이 지날수록 집이 그리워집니다. 맥스가 집으로 돌아오니 엄마의 따뜻한 온기가 전해지는 저녁밥이 맥스를 기다리고 있다는 이야기입니다.

 이 활동을 하면 무엇이 좋을까요?

아이들은 놀이터에서 놀다가 친구와 헤어져 혼자 집에 있으면 무척 심심해합니다. 그럴 때 아이와 함께 집에 있는 동물 인형을 모두 꺼내 역할극에 도전해 보세요. 맥스의 이야기를 아이의 상상으로 펼쳐 내며 괴물 놀이를 하는 거예요. 심심해하는 아이를 위한 최고의 선물이 됩니다. 한바탕 신나게 놀았다면 그 기분을 작은 책에 옮겨 보세요. 작은 책은 형식은 간단하지만 무궁무진한 이야기를 담을 수 있고, 긴 이야기도 풀어낼 수 있습니다.

같은 활동을 위한 추천 그림책

《아낌없이 주는 나무》 (셸 실버스타인 지음 | 시공주니어)
나무는 소년이 어렸을 때는 시원한 그늘을 만들어 줍니다. 그러나 소년이 성장하면서는 점점 나무를 찾아오는 시간이 줄어듭니다. 소년은 나이가 들어 노인이 되고, 어릴 적 함께하던 나무는 소년이 달라는 대로 다 주다가 결국 잘려 나가 밑동만 남게 됩니다. 아낌없이 주는 나무를 통해 진정한 사랑은 사랑하는 사람을 위해 아낌없이 내주는 것이라는 것을 배우게 됩니다. 나무 모양으로 잘라 작은 책을 만든 후에, 나무에 대한 이야기를 쓴다면 멋진 책을 만들 수 있습니다.

《강아지똥》 (권정생 지음 | 길벗어린이)
권정생 선생님 특유의 소박한 주인공들이 나와서, 작고 보잘것없는 것도 소중하다는 이야기를 들려주는 좋은 그림책입니다. 아무도 거들떠보지 않는 강아지똥은 자신의 처지를 실망하고 슬퍼합니다. 그러던 어느 날, 비를 맞고 잘게 부서진 강아지똥은 땅속으로 들어가 민들레꽃으로 다시 태어납니다. 책 한 쪽마다 강아지똥이 민들레가 되어 가는 과정을 그림으로 그리며 책을 만들어 볼 수 있어요.

이렇게 진행해 보세요

1 8절지와 칼, 사인펜, 색연필을 준비합니다.

2 책을 함께 읽으며 어떤 내용을 책에 넣을까 함께 이야기를 나눕니다.

3 아이가 원하는 그림을 그리고 관련 글을 씁니다.

4 8절지를 접은 후 가운데 두 칸을 칼로 자릅니다. 가운데를 바깥으로 나오게 하여 풀로 붙이면 작은 책이 만들어집니다.

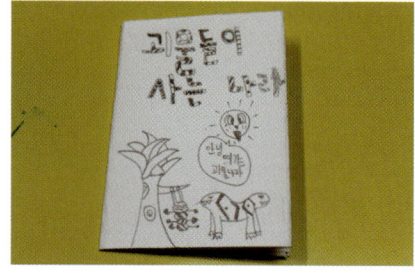

5 표지에 그림과 제목을 넣습니다.

6 예쁘게 완성된 작은 책들을 볼 수 있습니다.

이럴 때는 이렇게 하세요

8절지를 접어 '작은 책' 페이지를 만들기 때문에 접는 방법을 잘 이해하도록 설명해 주세요. 종이의 가운데에 칼자국을 낼 때는 위치가 정확해야 하니 어른이 도와주는 것이 좋습니다. 정확히 잘라야 접었을 때 반듯반듯하게 예쁜 선이 나옵니다.

Q 책에 나오는 그림을 아이가 따라 그리기 어려워하면 어떻게 해야 할까요?

A 모리스 샌닥 그림은 어렵게 보이지만, 특징을 잘 찾으면 쉽게 따라 그릴 수 있습니다. 우선 일부분만 그리게 하세요. 아주 인상적인 일부분만 그려도 됩니다.

Q 완성된 책을 어떻게 활용하면 좋을까요?

A '작은 책'을 낚싯줄에 매달아 화장실에 매달아 주세요. 식구들이 보고 칭찬을 듬뿍 해 주면 다음에도 책을 만들고 싶어지겠죠?

■ '작은 책' 만드는 방법

❶ 8절지를 8등분해 접는다.

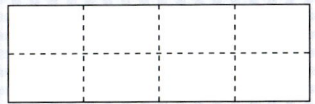

❷ 빨갛게 표시된 중간 부분을 칼로 자른다.

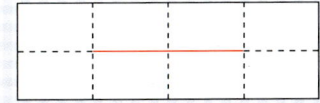

❸ 책 모양으로 접는다.
❹ 칼로 오린 부분이 책의 위쪽이 되게 접는다.
❺ 접은 종이를 가로로 길게 양 끝을 잡고 맞붙여 접는다.
❻ '작은 책' 모양이 완성되면 아이가 원하는 괴물 그림이나 글을 쓴다.
❼ 크레파스나 색연필을 이용하여 색칠한다.

다른 활동도 할 수 있어요

★ 가면 만들어 괴물 놀이하기

이 책은 전 연령의 아이가 좋아하고 즐기는 책입니다. 그래서 굳이 책 만들기를 하지 않고 괴물 놀이를 해도 좋습니다. 먼저 책을 읽고 괴물 가면을 만들어 쓰고 괴물 흉내를 내며 놀면 됩니다.

책 만들기

책 만들기는 독서에 대한 흥미를 갖게 하는 창조적 활동입니다.

책 만들기는 독서에 관심과 흥미를 갖게 하는 창의 활동입니다. 더불어 책이 만들어지는 과정도 이해할 수 있습니다. 아이들은 그림책을 읽으면서 책 속에 등장하는 작고 귀여운 생쥐가 되기도 하고 힘센 사자가 되기도 합니다. 등장하는 인물의 마음에 공감하면 할수록 그 책을 좋아하게 됩니다. 그림책에 등장하는 주인공이 '나'라면 어떨까요? 아이들은 누구나 한 번쯤 이야기 속 인물이 되고 싶어 합니다. 이럴 때 어설프게라도 그림책을 만들어 본다면 책에 대한 친밀감과 독서에 대한 흥미가 높아질 수 있습니다.

책 만들기는 소개된 책 외에도 많은 책으로 활동할 수 있는 장점이 있습니다. 예를 들어 노먼 메신저의 《세상을 만든 7일간의 이야기》를 읽고 아이들과 함께 도화지를 접어 '병풍 책'을 만들어도 쉽고 재미있습니다. 7일 동안의 이야기를 한 장면씩 그리고, 남은 한 칸에는 만든 사람 이름과 날짜를 넣어 줍니다. 이렇게 장면 구성이 간단하고 이미 정해져 있는 경우는 고민하지 않아도 금방 내용이 채워집니다. 꾸미기는 각자 개성에 따라 하면 됩니다.

여행을 다녀온 뒤 책을 만들려고 한다면 여행하는 동안 사진도 찍고 입장권, 기차표 같은 자료들을 꼼꼼히 모으세요. 내용을 풍성하게 꾸밀 수 있습니다. 여행 일정에 따라 출발부터 돌아올 때까지 모은 자료를 A4용지에 붙이고 간단하게 이야기를 덧붙여 주면서 한 장씩 완성해 갑니다. 굳이 특별한 제본을 하지 않아도 스테이플러로 꾹꾹 눌러 주면 한 권의 훌륭한 책이 완성됩니다. 책을 만들기 전에 우선 클리어 파일에 시간 순서대로 자료를 모아 두면 뒤죽박죽 뒤섞이지 않아서 좀 더 쉽게 꾸밀 수가 있습니다.

《구리와 구라의 빵 만들기》를 읽고 빵 만들기 책을 만들어도 책 속의 이야기에 한 발짝 더 들어가게 됩니다. 다른 활동에 비해 책 만들기는 더 풍부한 교육 효과가 있는 독후활동이기도 합니다. 《북아트를 통한 글쓰기》로 잘 알려진 폴 존슨은 '책은 그 자체가 창조적 자극을 주는 것'이며, 책 만들기는 글쓰기를 자극하고 좋은 글로 이끈다고 말합니다.

어떤 차례로 만들면 될까요?

아이의 개성이 묻어나는 그림책을 만들려면 무엇부터 고민해야 할까요? 어떤 주제의 책을 만들지 고민해야 합니다. 아이가 좋아하는 사물 그림책을 만들 수도 있고, 있었던 이야기를 일기처럼 엄마가 대신 기록하여 그림책을 만들 수도 있고, 여행 다녀온 것을 소재로 해서 여행 그림책을 만들 수도 있고, 아이가 상상력을 발휘해 이야기가 있는 창작 그림책을 만들 수도 있습니다.

그림책의 내용은 어떻게 쓸까요? 아이들이 글쓰기를 너무 부담스러워해 연필과 공책만 앞에 놓고 하염없이 시간만 보내고 있는 모습을 보면 참 안쓰럽지요. 아이들은 손가락이 아프다거나, 쓸 것이 없다며 울상입니다. 그럴 때 즐겁게 글을 쓸 수 있는 이런저런 시도들을 할 수 있습니다. 까만 종이에 색연필이나 크레파스로 글쓰기, 한지에 붓펜으로 쓰기처럼 색다르게 접근해서 아이들의 관심을 끌면 아이는 자연스럽게 이야기를 풀어내기도 합니다. 유아는 아직 글을 쓸 수 없으니 부모님이 대신 아이의 생각을 문장으로 표현하거나, 컴퓨터로 문장을 써서 붙여도 됩니다.

주제와 이야기가 어느 정도 구성되었으면 책을 풍부하게 만드는 과정이 필요합니다. 글에 따라 페이지를 나누고, 글에 어울리게 그림을 그립니다. 아이들의 글이나 그림은 그 자체로 특별합니다. 만약 아이가 좋아하는 자동차를 중심으로 사물 그림책을 만든다면, 그림이나 글자가 없이도 책을 만들 수 있습니다. 가까운 자동차 대리점에 가서 멋진 광고 전단을 얻어 오고, 신문과 잡지에서 사진이나 글자를 오려 스프링 노트에 붙입니다. 표지에 아이 이름과 책 제목을 지어 붙이면 멋진 자동차 그림책이 완성됩니다. 자동차뿐 아니라 굴착기 같은 중장비도 좋고 청소차나 대형 덤프트럭도 좋습니다. 아이가 어려서 가위질이나 풀칠 하기를 힘들어하면 스케치북을 책처럼 생각하고 책 만들기를 할 수 있습니다.

그림책의 내용과 그림이 완성되면 앞표지와 뒤표지를 완성합니다. 앞표지에 일반 책처럼 제목도 만들고 작가 이름이나 사진도 붙이고 출판사도 지어서 써넣습니다. 당연히 뒤표지에는 책 가격도 정해서 넣고 책을 소개하는 글도 넣으면 좋습니다. 표지를 모두 만들고 나면 앞표지 다음 장에 작가를 소개합니다. 이 순간을 아이는 가장 즐거워합니다. 작가 소개에는 아이의 사진과 이력, 하고 싶은 말을 넣으면 됩니다. 정해진 틀에서 벗어나 자유롭게 작가 소개를 하면 더 좋습니다.

마지막은 낱장으로 된 내용을 모아서 한 권의 책으로 만드는 과정입니다. 요즈음은 아이가 만든 책도 세련되고 멋지게 제본을 해 주는 인터넷 업체가 있습니다. 완성도가 높고 페이지가 많은 경우라면 이런 곳에 문의해서 제본을 하는 것도 좋겠습니다. 그러나 처음 책을 만들 때는 부담 없이 몇 쪽짜리 책을 만드는 것이 좋습니다. 즐기자고 한 활동이 일이 되면 안 되니까요. 아이가 만든 낱장을 겹쳐서 스테이플러로 간단하게 툭툭 찍어 두면 훌륭한 단행본 한 권도 뚝딱 만들 수 있습니다. 또 접힌 낱장을 풀로 이어서 아주 긴 책을 만들 수도 있고, 처음부터 전지를 여러 겹 접어서 만들 수도 있습니다.

가위질 한 번에 멋지게 변신하는 책도 있습니다. 접기 책을 한두 번 해 보면 조금 지루해집니다. 이럴 때 가위를 사용해 보세요. 접기 전이나 후에 종이 테두리를 가위로 쓱쓱 모양을 내어 잘라 주면 높은 산 모양의 책을 만들 수 있고, 멋진 뾰족지붕도 생깁니다. 키 큰 어른의 머리처럼 윗부분을 둥글게 잘라 얼굴을 그려 넣으면 작은 아이를 좀 더 실감 나게 보여 줄 수 있습니다. 또 칼로 약간만 잘라 '팝업 책'으로 변신할 수도 있습니다. 접히는 부분을 어떻게 구부리느냐에 따라 새의 부리나 계단 같은 느낌을 주기도 합니다.

책 만들기는 어떤 독후활동보다 자유롭습니다.

부모님들은 책 만들기에 많은 부담을 느낍니다. 책 내용도 훌륭하고 그림도 멋지고 제본도 잘해야 한다고 생각해서 처음부터 시도하기를 두려워합니다. 그러나 아이들과 함께하는 독후활동으로서의 책 만들기는 자유로워야 합니다. 글에 아이의 생각이 들어 있고 아이의 마음이 드러나면 됩니다. 그림 역시 거칠고 부족하게 그려도 괜찮습니다. 결과물의 완성도에 신경을 쓰다 보면 아이는 숙제처럼 느낄 수도 있고, 부모님이 지나치게 개입하게 되어 아이가 성취감을 느끼지 못할 수도 있습니다. 아이 스스로 만들고 즐기는 과정이 중요합니다.

※ **책 만들기 전에 미리 해 보기**

- 다양한 종이를 많이 만져 보게 해 주세요. 공짜로 얻을 수 있는 광고지부터 한지까지 접고 오리고 찢어 보고 글씨도 써 보면서 종이를 이해하는 시간이 필요합니다. 책 만들기가 놀이처럼 느껴지게 하는 첫 번째 시간입니다.
- 칼이나 가위를 사용하다 보면 자칫 사고가 날 수도 있지만, 어려운 조작은 어른이 하더라도 아이에게 기회를 주어야 합니다. 스스로 할 수 있다고 느낄 때 옆에서 잘 지켜보면서 혼자서 할 수 있게 해 주세요.
- 책 만들기 재료는 정말 무궁무진합니다. 어떤 도구를 사용하고 싶어 하든 쓸 수 있게 해 주세요. 아이들은 자기 생각을 말로 잘 표현하지 못할 때가 있습니다. 우선 원하는 재료를 주고 어떻게 활용하는지 지켜보는 것이 중요합니다. 의외의 멋진 책이 만들어집니다. 털실이나 모래, 옷 조각 같은 별난 재료를 원하는 아이들의 머릿속에는 이미 그에 꼭 맞는 그림이 그려지는 중입니다. 왜 필요한지 묻기보다는 어떻게 하는지 봐 주는 거지요.
- 잡지에서 오리거나 컴퓨터로 인쇄한 그림은 아이들이 좋아하고 그리기에 부담이 없어 책 만들기 소재로 아주 좋습니다. 그림은 신문이나 잡지에서 오려서 붙이고 이야기를 써넣으면 책 한 권이 뚝딱 만들어집니다.

V 다 함께 노는 놀이

골목에서, 놀이터에서 아이들이 놀면서 까르르 웃는 소리가 없어진 지 오래됐습니다. 어쩌다 놀이터로 가면 함께 놀 아이들이 많지 않습니다. 유치원에 가면 많은 활동을 하지만 놀이 자체보다는 예절과 규칙을 배우는 데 더 중점을 둡니다. 그리고 유치원에서 집으로 돌아오면 함께 놀기 어려워집니다.

아이들에게 가장 좋은 공부는 놀이입니다. 놀이를 하며 아이들은 어울리는 이야기를 구상함으로써, 자연스럽게 '스토리텔링'을 합니다. 그런 다음 이야기에 어울리는 역할을 나누고, 역할에 대해 좋고 싫음을 말하고, '이번엔 나, 다음엔 너' 이렇게 돌아가면서 술래를 하고, 규칙을 정하고, 타협을 하고, 조정을 합니다. 놀이 안에서 아이들은 자연스럽게 사회를 배웁니다.

놀이 중에서도 몸으로 움직이면서 에너지를 쏟아 내는 놀이가 성장기의 아이들에게 가장 좋은 공부입니다. 자신의 몸을 이용해 힘을 조절하고, 문제를 해결하고, 원하는 것을 이루는 과정은 어떤 공부보다도 더 많은 것을 아이에게 남겨 줄 수 있습니다.

《구룬파 유치원》은 조금은 겁 많고 소심한 아이의 마음을 잘 드러내 주는 책입니다. 주인공이 겪는 어려움을 통해 아이는 '어? 나도 그런데, 나 같은 아이가 또 있구나!' 하며 안정감을 느낍니다. 자기와 비슷

한 처지의 주인공이 용기 있게 삶을 헤쳐 나가는 과정에서 위안을 얻고 '이렇게 하면 되는구나', '구룬파가 이렇게 했으니까 나도 그래야지' 하며 이야기 속 주인공의 지혜를 자신의 것으로 만듭니다. 《커다란 순무》와 《장갑》을 볼까요? 두 그림책 모두 이야기가 진행되면서 점점 인원이 늘어나는 과정이 반복됩니다. 간단한 반복이지만 차례차례 나오는 주인공들의 역할을 정해 읽기만 해도 저절로 연극 놀이가 됩니다. 《치과 의사 드소토 선생님》은 이를 깨끗이 닦아야겠다는 생각도 하게 되지만, 생각이 다른 남에게 호의를 베풀 때 어떤 지혜가 필요한지 알게 합니다.

아이들이 놀고 있는 곳은 늘 와글와글, 시끌시끌합니다. 소꿉놀이를 하며 어른 흉내를 내고, 역할에 따라 제법 비슷한 느낌으로 말하기도 합니다. 엄마 놀이, 아빠 놀이, 소꿉놀이, 병원 놀이를 통해 아이들은 세상을 흉내 내고, 소통하는 법을 배워 갑니다. 엄마처럼 말하고 아빠처럼 행동하면서 어른들의 마음을 조금씩 알아 갑니다.
여럿이 함께하는 놀이를 통해 아이들은 남을 배려하는 삶의 원리를 몸으로 배웁니다. 연극 놀이를 통해 주인공뿐만 아니라 등장인물 모두가 함께할 때 재밌는 연극이 된다는 것을 깨닫게 됩니다. 남의 의견을 듣는 방법을 스스로 깨닫고 친구에게 양보할 줄 알게 됩니다.

1 몸놀이

아이가 이럴 때 활동하면 좋아요
- 씻는 것을 싫어할 때
- 운동을 싫어할 때

 어떤 책을 이용할까요?

《구룬파 유치원》 (니시우치 미나미 글 | 호리우치 세이치 그림 | 한림출판사)

외톨이 구룬파는 씻지도 않고 혼자 풀숲에 누워 있어요. 친구들은 덩치 크고 게으른 구룬파를 깨끗이 씻긴 뒤 일을 하러 보냅니다. 하지만 뭐든 너무 크게 만드는 구룬파 때문에 가게는 문을 닫게 됩니다. 자신감을 잃고 길을 걷는 구룬파에게, 열두 명의 아이를 가진 엄마가 아이들과 놀아 달라고 부탁합니다. 구룬파는 아이들과 과자를 나눠 먹고, 큰 신발 속에서 숨바꼭질도 하고, 피아노도 치고, 노래도 하면서 신나게 놀아 줍니다. 드디어 구룬파는 아이들이 행복해하는 시끌벅적한 '구룬파 유치원'을 만들어 외롭지 않게 되었답니다.

 이 활동을 하면 무엇이 좋을까요?

아이가 씻기를 싫어하거나, 친구가 없어서 심심해 투정 부릴 때는 함께 책을 읽고 우리 몸의 소중함을 느낄 수 있는 재미있는 운동 놀이를 해 보는 것이 좋습니다. 아이는 맨손체조나 간단한 요가 동작을 따라 하면서 자신의 몸의 움직임을 눈으로 보며 신기해하고, 느끼고 알게 됩니다. 친구와 가족과 같이 하면 더 좋습니다. 혼자 하는 운동은 힘들고 재미없어하는 아이도 누군가와 함께하면 재미있어합니다. 함께 몸을 움직이는 운동은 놀이처럼 느끼기 때문입니다. 간단하고 재미난 동작을 하면서 서로 마주 보며 깔깔대는 동안 아이들은 마음도 몸도 건강해집니다. 또 다른 사람의 몸도 내 몸처럼 귀하게 생각하게 됩니다. 줄넘기나 훌라후프 같은 간단한 운동 기구는 훌륭한 놀이 기구가 되고, 재미를 붙이면 밖에서 혼자 놀 때도 좋은 친구가 되어 줍니다.

같은 활동을 위한 추천 그림책

《나도 나도》 (최숙희 글·그림 | 웅진주니어)
그림 속의 동물이 각각 다른 동작을 하고 있어요. 주인공 아이는 동물의 동작을 따라 달리고, 노래하고, 구르고, 먹고, 씻으며 즐거워합니다. 이 책을 통해 자연과 동물을 보면서 신나게 놀고, 기본이 되는 생활 습관과 리듬도 배울 수 있어요. 아이들이 쉽게 따라 하고 동물의 소리 등을 내며 즐거워해요.

《무엇이 무엇이 똑같을까?》 (이미애 글 | 한병호 그림 | 보림)
씻기 싫어하는 아이들에게 이 그림을 보여 주면 놀이 형식으로 씻기 훈련을 시킬 수 있어요. 토끼처럼 세수하고, 악어처럼 이를 닦고, 곰처럼 먹고, 개처럼 응가를 하는 식으로요.

이렇게 진행해 보세요

1 요가 매트나 얇은 이불, 카메라를 준비합니다.

2 책을 읽으며 어떤 놀이를 할까 함께 이야기를 나눕니다.

3 몸풀기 준비 운동을 합니다.

4 발바닥아, 안녕? – 아빠 다리를 하고 앉아서 발바닥을 마주 댑니다.

5 봄이 왔어요.(새싹 자세) – 일어서서 두 손을 머리 위로 쭉 펴고, 한쪽 다리는 다른 쪽 종아리에 대고 섭니다.

6 떡 하나 주면 안 잡아먹지(호랑이 자세) – 무릎을 바닥에 대고 손은 어깨 너비로 바닥을 짚은 채로, 얼굴은 앞을 보고 혓바닥을 내밀며 눈을 크게 뜹니다.

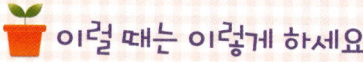 이럴 때는 이렇게 하세요

요즘 유행하는 셀카봉을 준비해, 운동하는 장면을 찍어 보세요. 나중에 나눌 이야기가 많아집니다. 딱딱한 바닥이나 푹신한 침대보다는 시중에 판매되는 놀이방 매트가 좋고, 혹시 넘어져도 다치지 않습니다.

Q 요가는 자세가 어렵고 지루하지 않나요?

A 어린이 요가라고 해서 크게 다른 것은 없으나, 자세의 유래를 잘 설명해 주면 아이들이 흥미를 갖고 따라 합니다. 굳이 요가 자세가 아니더라도 아이들과 부모님이 함께 스트레칭을 해 보는 것도 좋습니다.

Q 아이가 조금 힘들어할 때 재미있게 하는 방법은 없을까요?

A 요가가 아니라도 몸으로 하는 스트레칭과 스킨십을 아이들은 즐거워합니다. 운동은 어릴 때부터 꾸준히 하는 것이 중요합니다. 운동도 습관이기 때문입니다.

다른 활동도 할 수 있어요

★ **물총 놀이**

구룬파 유치원의 친구들처럼 물총 놀이를 해 보세요. 여름에 공원이나 수영장에서 하는 물총 놀이는 요가나 운동보다 아이들이 좋아하는 활동적인 놀이입니다. 재미있고 시원해서 신나는 경험이 될 거예요.

2 전래놀이

> **아이가 이럴 때 활동하면 좋아요**
> - 전래놀이를 알려 줄 때
> - 친구와 여럿이 함께 놀 때

 어떤 책을 이용할까요?

《우리 할아버지가 꼭 나만 했을 때》 (전래 동요 | 주경오 인형으로 꾸밈 | 보림)

책을 읽다 보면, '옛날에는 특별한 장난감이 없어도 재밌게 놀았구나!' 하는 감탄과 함께 우리말의 재미가 새록새록 느껴집니다. 전래 동요 27편을 7가지 주제로 나누어 소개하고, 주제에 꼭 맞는 그림을 함께 보여 줍니다. 노래가 어렵지 않아, 리듬과 박자에 맞춰 노래를 부르면 아이도 금방 따라 부를 수 있습니다. '꼬부랑 할머니가~, 두껍아~, 가갸거겨~' 책을 읽다 보면 깜찍한 인형들이 말을 걸고 함께 놀자고 할 것 같습니다. 이 책을 읽으며 차츰 사라져 가는 전래놀이를 해 보면 재미도 있고, 어른들이 어린 시절에 어떻게 놀았는지 알 수 있습니다.

 이 활동을 하면 무엇이 좋을까요?

아이들은 단짝 친구와 노는 것을 제일 좋아합니다. 그렇지만 요즘 아이들은 친구와 함께 있어도 실내에서 TV를 보거나 컴퓨터를 하는 경우가 많습니다. 이럴 때는 밖에 나가서 친구들과 함께할 수 있는 전래놀이를 권해보세요. 놀이를 통해 사회성을 기르고, 어른들이 어렸을 적 했던 놀이를 익히는 즐거운 기회가 될 것입니다. 전래놀이는 특별한 놀이 기구가 없어도 여럿이 혹은 한둘만 있어도 할 수 있습니다. 아이들에게 '놀이'에는 대단한 시설이 필요하지 않다는 것, 비싼 장난감 없이도 충분히 재미있다는 것을 알려 줄 수 있습니다. 온 동네를 놀이터 삼아 숨바꼭질을 하고, 집 안 구석구석에서 발견한 잡동사니들을 가지고 재미나게 놀던 이야기를 들려주면 어느새 아이들이 스마트폰을 내려놓을 거예요. 말만 하면 잔소리가 되어 서로 감정이 쌓이지만, 함께 놀면서 몸으로 가르치면 즐겁고 따뜻한 시간이 됩니다.

같은 활동을 위한 추천 그림책

《까치와 소담이의 수수께끼 놀이》 (김성은 글 | 김종도 그림 | 사계절)
나이가 어리다고 아무도 놀아 주지 않는 아이에게 까치가 와서 수수께끼 놀이를 하자고 합니다. '하얀 우산을 쓰고 훨훨 날아가는 게 무얼까?'에 대한 답은 5월이 되면 누구나 알 수 있는 '민들레 씨'. 정겨운 시골 풍경을 그림으로 담아 푸근함이 절로 느껴지며, 자연의 변화를 알고 수수께끼도 즐길 수 있는 책입니다.

《전래놀이》 (함박누리 글 | 홍영우 그림 | 보리)
그림도감이라 유아기의 아이가 혼자 보기는 어렵지만, 말하듯이 설명되어 있어 그림을 보며 읽어 주기 좋습니다. 우리 전래놀이 대부분이 들어 있으니, 아이가 심심해할 때마다 하나씩 읽어 주며 함께할 놀이를 찾아보세요.

이렇게 진행해 보세요

1 집 마당이나 마을 공원에 나가 오징어 모양 사방치기 그림을 그립니다.

2 다른 모양의 사방치기도 그려 봅니다.

3 사금파리나 넓적한 돌을 주워 말을 만듭니다.

4 편을 나누어 함께 즐깁니다.

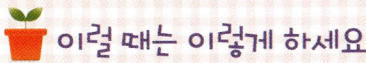 이럴 때는 이렇게 하세요

Q 사방치기용 말은 어떻게 구하나요?

A 예전에는 사기그릇이 깨진 조각인 사금파리가 많았지만, 이제는 사금파리뿐 아니라 돌을 구하기도 어렵지요. 그러면 집에 있는 아이 블록을 사용해도 되고 문구점에서 나무로 된 비석치기용 말을 살 수도 있습니다.

Q 아이가 밖에 나가기를 싫어해요. 어떻게 하죠?

A 찾아보면 사방치기 그림이 그려진 놀이 매트를 구할 수 있습니다. 어린이날이나 생일에 선물로 사 주고, 온 가족이 함께 놀아 보세요. 아이가 재미를 붙이면 밖에 나가서 좀 더 자유롭게 뛰어놀라고 이야기해 주세요.

Q 아이가 너무 어려서 사방치기를 어려워해요. 어떤 전래놀이가 좋을까요?

A 집 안에서 하는 실뜨기(길이 1m쯤 되는 실이나 노끈의 두 끝을 마주 매어 매듭을 지은 다음, 두 사람이 마주 앉아 번갈아 가며 손가락으로 걸어 떠서 실의 모양이 여러 가지로 바뀌는 과정을 즐기는 놀이)나 윷놀이도 좋습니다.

다른 활동도 할 수 있어요

★ 수수께끼 놀이

손쉽게 아이와 할 수 있는 놀이 가운데 수수께끼 놀이가 있습니다. 엄마가 질문을 하고 아이가 대답하고, 아이가 묻고 엄마가 대답하며 재미있게 말놀이를 할 수 있습니다. 또는 스무고개 놀이도 할 수 있어요. 한 사람이 머릿속에 단어를 하나 떠올리면, 다른 사람이 질문을 해서 정해진 횟수 안에 알아맞히는 놀이입니다.

3 그림자놀이

> **아이가 이럴 때 활동하면 좋아요**
> • 그림자에 대해서 궁금해할 때
> • 달이 밝은 밤 아이가 심심해할 때

 어떤 책을 이용할까요?

《나무 사람》 (멜라니 켐러 지음 | 토토북)

집 모퉁이에 수줍게 서 있는 나무 사람은 까만 눈과 호기심이 가득한 표정으로 독자를 바라봅니다. 나무 사람이 마당 가운데 서 있는 단순한 그림에서 시작되어 꼬리를 무는 글과 함께 조금씩 그림이 달라집니다. 각 쪽에는 다음 쪽을 위한 힌트가 그림 가운데 숨어 있습니다. 꼬리를 무는 내용 때문에 아이는 등장인물들의 순서를 자연스럽게 기억하게 됩니다. 숨겨진 힌트를 찾아내고, 책장을 넘기면서 읽다 보면 어느새 초롱초롱하고 까만 눈이 나타납니다.

 이 활동을 하면 무엇이 좋을까요?

이 책은 천천히 그리고 꼼꼼히 봐야 하는 책입니다. 글자가 몇 개 안 되어서 더 그렇습니다. 그래서 혼자 읽으라고 그냥 주기보다는, 엄마가 읽어 주고 아이는 천천히 숨어서 그림을 따라가듯 읽게 해 주세요. 아이에게 상상해 보라고 말할 필요는 없습니다. 그런 말을 하는 순간 도리어 아이는 상상하기를 멈추고 엄마에게 대답할 거리를 찾게 될지도 모르니까요. 그림자는 빛이 우리에게 주는 선물입니다. 몸이나 손, 혹은 어떤 것에 빛을 비추면 그 너머에 나타나는 그림자를 만나게 되지요. 유아기 그림자놀이는 아이의 상상력을 맘껏 펼칠 수 있는 단순하면서도 훌륭한 놀이입니다.

그림자놀이를 할 때는 먼저 빛과 그림자의 관계를 이해하고 어떤 방향에서 빛이 오는지 살펴보게 됩니다. 아이는 빛이 비추는 각도에 따라 그림자의 길이도 넓이도 달라지는 것을 발견합니다. 타인과 제대로 소통하며 살아가려면 혼자 있는 시간을 건강하게 보낼 수 있어야 하는데, 그림자놀이는 자기만의 시간을 제대로 즐기는 방법이기도 합니다.

같은 활동을 위한 추천 그림책

《불을 꺼 봐요!》 (리처드 파울러 지음 | 보림큐비)

이 책은 팝업북입니다. 고양이와 올빼미에게 쫓기는 생쥐, 자동차 불빛에 놀란 토끼에게 손전등을 비추면 그림자로 만든 그림이 책에 나타납니다. 손전등을 흔들거나 위치를 바꿀 때마다 달라지는 그림자를 보면서 이야기를 만들어 낼 수도 있습니다.

《그림자 놀이》 (이수지 지음 | 비룡소)

한 소녀가 온갖 물건들이 들어 있는 창고에서 그림자를 만들며 신나게 놀고 있습니다. 손 모양으로 비둘기를 만들고, 동물 그림자를 상상하며 그림자 속 동물과 함께 놀기도 합니다. 왼쪽 장면은 실제 모습이, 오른쪽 장면은 그림자가 나타납니다. 두 장면을 비교하며 실제와 그림자를 함께 생각해 볼 수 있어서 그림자가 주는 상상력이 더 강렬해집니다.

이렇게 진행해 보세요

1 나무젓가락이나 아이스크림 막대기, 테이프, 풀, 가위, 약간 두꺼운 도화지, 스탠드형 조명을 준비합니다.

2 책에 나오는 등장인물을 두꺼운 도화지에 그립니다.

3 그림이 완성되었으면 테두리를 따라 오립니다.

4 나무젓가락이나 막대에 준비한 등장인물을 붙입니다.

5 스탠드 조명을 이용해 만들어지는 그림자를 관찰합니다.

6 막대 인형이나 손의 그림자를 그림자 막 또는 벽에 비추며 이야기를 만들어 봅니다.

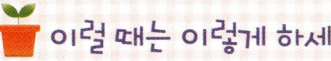 **이럴 때는 이렇게 하세요**

집 안의 불을 모두 끄고 손전등으로 아이의 모습을 비춰 보세요. 보름달이 밝은 밤이면 달빛을 이용해서 그림자놀이를 할 수도 있습니다. 촛불은 좀 더 감성적이지만 손전등이 다루기 쉽고 안전합니다. 달이 뜬 밤이나 여름철 휴가지에서는 촛불을 밝혀서 더 즐거운 그림자놀이를 할 수 있습니다.

Q 집에서 쉽게 '그림자 막'을 만들 방법은 없을까요?

A 얇은 홑이불이나 문구점에서 파는 전지면 충분합니다. 거실과 이어지는 베란다 유리문에 전지를 붙이면 훌륭한 그림자 무대가 됩니다. 베란다에서 그림자 모양을 만들고, 아이들은 거실에 앉아 감상할 수 있습니다. 이야기와 그림자가 어우러져 멋진 공연이 됩니다. 이 활동은 유아기 아이들이 무척 좋아합니다.

Q 집 밖에서 하는 그림자놀이는 어떤 것이 있나요?

A 아이들의 그림자를 서로 밟는 놀이를 하면 재미있습니다.

다른 활동도 할 수 있어요

★ **막대 인형극 놀이**

읽은 책의 등장인물을 종이 인형으로 만들어 나무젓가락에 붙이고, 각자 역할을 맡아 연극을 합니다. 별도의 장치 없이 거실에서도 할 수 있어 5~6세의 유아가 특히 좋아해요. 막대 인형극 놀이를 통해 이야기 구성 능력이나 언어 표현 능력이 향상되고, 적극적인 자기 표현력 발달에 도움이 됩니다. 책에 있는 이야기로 몇 차례 한 뒤에는 아이 스스로 이야기를 지어서 종이 인형을 만들어 연극을 만들어 보는 것도 좋습니다.

4 상황극 놀이

아이가 이럴 때 활동하면 좋아요
- 아이들이 서먹서먹해할 때
- 행동이 소극적일 때

 어떤 책을 이용할까요?

《커다란 순무》 (알렉세이 톨스토이 글 | 헬린 옥슨버리 그림 | 시공주니어)

할아버지가 정성껏 씨앗을 심고 가꾼 순무가 쑥쑥 자랍니다. 어느 날 커다랗게 자란 순무를 뽑으려고 애를 쓰지만 뽑히지 않아서, 할아버지는 집 안에 있는 모든 가족과 동물을 차례차례 불러냅니다. 할머니, 손녀, 고양이, 강아지. 모두가 꼬리에 꼬리를 이어 순무에 매달리자 그제야 순무가 뽑히고, 할아버지네 가족은 순무로 요리를 하여 맛있게 먹으며 이야기가 마무리됩니다.

 이 활동을 하면 무엇이 좋을까요?

'누구는 누구를 붙잡고'라는 문장이 반복되면서 아이들은 다음에 이어질 이야기를 미리 가늠하고 맘 편히 책장을 넘기게 됩니다. 옛날이야기에서 '떡 하나 주면 안 잡아먹지'라는 말이 반복될 때마다 아이들이 따라 하듯이, 반복되는 문장을 함께 읽기만 해도 자연스럽게 소품도 필요 없는 즉흥 연극이 됩니다. 시골에서 할머니가 보내 주신 채소나 과일을 냉장고에 넣어 두고 연극 놀이를 하면 더 의미가 있습니다.

아이들은 누군가 자기를 인정해 줄 때 더 열심히 뭔가를 하고 행복해합니다. 간단한 상황극은 쉽기 때문에 아이들이 부담 없이 자기 역할을 해낼 수 있어서 즐거워합니다. 하다못해 아무런 말도 못하고 힘도 없는 솜 인형도 자기 역할이 있으니까요. 순무를 뽑으려면 아주 작은 아기부터 큰 아이까지 모두 힘을 더해야 합니다. 그러니 큰 아이나 작은 아이나 함께할 수 있고, 또 서로 손을 잡고 이야기를 해야 하니 사이가 안 좋아도 어쩔 수 없이 말을 트게 됩니다. 그러다가 금방 헤헤거리며 웃게 되지요. 그래서 여럿일수록 더 재미있는 놀이가 이런 상황극입니다.

같은 활동을 위한 추천 그림책

《검피 아저씨의 뱃놀이》 (존 버닝햄 지음 | 시공주니어)
마음씨 좋은 아저씨가 아이들과 동물들을 태우고 뱃놀이를 하는 이야기입니다. 아저씨는 뱃놀이를 함께 가는 조건으로 지켜야 할 규칙을 하나씩 정해 줍니다. 그런데 아이들이 규칙을 지키지 않아 배가 뒤집히고 맙니다. 책을 읽고 놀이를 하면서, 규칙을 정하고 그 규칙을 잘 지키는 것이 왜 중요한지 배우게 됩니다.

《모자 사세요!》 (에스퍼 슬로보드키나 지음 | 시공주니어)
모자 장수가 머리에 모자를 잔뜩 쓰고 팔러 다닙니다. 그런데 모자는 팔리지 않고 나무 위의 원숭이들이 모두 가져가서 자기들이 써 버립니다. 모자 장수는 자신이 쓰고 있던 체크무늬 모자를 땅바닥에 던집니다. 이 모습을 본 원숭이들도 모두 모자를 땅바닥에 던집니다. 모자 장수는 결국 모든 모자를 되찾게 됩니다. 이 책을 읽고 아이들과 함께 종이로 모자를 여러 개 만든 뒤, 모자 장수 역할을 맡은 아이가 하는 대로 따라 해 보세요. 모자를 돌려받는 아이디어를 내면서 모두 재미있게 즐길 수 있습니다.

이렇게 진행해 보세요

1 커다란 순무 책과 냉장고에 넣을 음식을 준비합니다.

2 형제나 친구와 함께 책을 읽습니다.

3 한 사람이 냉장고 문을 당겨 봅니다. 안 열리게 약하게 당깁니다.

4 언니(다른 친구)도 당겨 봅니다.

5 둘이서 함께 힘을 모아 당깁니다.

6 마침내 냉장고 문을 열어 원하는 음식을 맛있게 먹을 수 있게 되었네요.

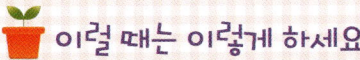 **이럴 때는 이렇게 하세요**

냉장고를 소품으로 이용하는 놀이 대상은 힘이 약한 어린아이들이어야 합니다. 좀 더 큰 아이들은 어른 또는 아이들 가운데 한 명이 순무가 되어 놀이를 할 수 있습니다. 순무가 뽑히는 장면에서 아이들이 한꺼번에 넘어질 때 다치지 않도록 지켜봐 주세요. 이 점만 유의하면 어디에서나 즐겁게 할 수 있습니다.

Q 냉장고 문이 너무 쉽게 열리지 않나요?

A 어른이 옆에서 꼭 누르고 있어도 되지만, 냉장고 손잡이를 잡고 있는 아이에게 연극 내용을 잘 알려 주는 것이 좋습니다. 바로 문을 열지 않고, 모든 친구들이 꼬리처럼 붙었을 때 냉장고 문을 열어야 한다고 말이지요. 그런 다음 아이들이 스스로 하도록 하는 것이 좋습니다.

Q 아이들이 매일 열고 닫는 것이라 금방 싫증을 내면 어쩌죠?

A 어른이 순무가 되어 주세요. 힘센 아빠가 순무가 되어 버텨 준다면 더 재미있겠지요. 아니면 함께 노는 친구 가운데 덩치가 있는 아이에게 순무 역할을 시켜도 됩니다.

다른 활동도 할 수 있어요

★ 연극 놀이

앞의 사진은 엄마가 냉장고에 맛있는 것을 넣어 두고 아이들이 힘을 모아 냉장고 문을 여는 즉흥극입니다. 아이들이 좀 더 많은 경우는 넓은 거실에서 서로 역할을 맡아서 연극으로 꾸며도 재미있습니다. 농부 할아버지, 할머니, 손녀, 순무, 그리고 동물들로 역할을 나누어 맡고, 순무를 심는 장면으로 연극을 시작합니다. 순무가 뽑히고 나면 모두 모여 맛있는 음식을 나눠 먹는 것으로 연극을 마무리합니다.

5 역할극 놀이

아이가 이럴 때 활동하면 좋아요
- 추운 겨울 친구와 함께 놀 때
- 반려동물을 무서워할 때

 어떤 책을 이용할까요?

《장갑》 (우크라이나 민화 | 에우게니 라쵸프 그림 | 한림출판사)

추운 우크라이나에서는 정말 있을 법한 일이라고 느껴질 만큼 재미있는 옛이야기 그림책입니다. 빠른 발 토끼, 송곳니 멧돼지 등 동물의 특징을 잘 그려 냈습니다. 또 언어가 리듬감이 있어, 소리 내어 읽는 것만으로 연극 놀이를 하는 것처럼 재미있습니다. 할아버지의 커다란 장갑은 넉넉하고 따뜻한 할아버지의 품처럼 따뜻하고 환상적인 느낌을 갖게 합니다.

 이 활동을 하면 무엇이 좋을까요?

별명 짓기 놀이나 막대 인형극, 연극 등 무엇이든 할 수 있는 소재가 되어 주는 책입니다. 평범한 장갑에 문이 생기고, 창문도 생기고, 또 문에 종도 달리는 등 이리저리 변하면서 넉넉한 품으로 늘어나며 동물들을 받아 줍니다. 작은 공간에 여럿이 함께 지내려면 어떻게 해야 하는지 알게 합니다. 또한 아이들이 좋아하는 동물이 되어 연극을 하다 보면 아이의 상상력이 쑥쑥 자랍니다.

추운 겨울에 개구리는 왜 숲 속에 나타난 걸까요? 또 곰은 원래 겨울잠을 자야 하는 거 아니었나요? 놀이를 하다 보면 아이들은 궁금한 것이 많아지고 스스로 답을 찾아 갑니다. 책 속의 이야기가 그냥 글자로 끝나는 것이 아니라, 말하고 생각하면서 생명을 얻게 되는 거지요. 큰 아이 작은 아이 섞여서 하는 이런 역할 놀이는 어른이 굳이 답을 주지 않아도 자기들끼리 보고 듣고 배우는 것이 있습니다.

같은 활동을 위한 추천 그림책

《나는 괴물이다!》 (최덕규 지음 | 국민서관)
지구에 놀러 온 사랑스럽고 특별한 존재가 바로 아이들이 아닐까요? 주인공처럼 종이봉투 하나면 언제든 슈퍼맨, 티라노사우루스, 슈퍼울트라캡숑파워로봇, 몽달귀신도 될 수 있는 아이들! 종이봉투를 머리에 쓰고, 다양한 역할을 상상하며 함께 놀 수 있어요. 같은 봉투로 여러 사람이 돌아가며 놀이를 할 수도 있습니다.

《거울 속으로》 (이수지 지음 | 비룡소)
책을 거울처럼 만든 독특하고 매력적인 책입니다. 책은 기다란 전신거울의 모양을 하고 있어요. 표지부터 면지, 뒤표지까지 책 곳곳에 보이지 않는 거울이 숨어 있어요. 책장을 넘길 때마다 다음 장면을 상상하게 됩니다. 거울이 있다고 생각하고 두 사람이 마주 선 후, 한 사람이 어떤 동작을 하고 마주 서 있는 다른 사람이 똑같이 따라 하면 유쾌하게 즐길 수 있는 놀이가 됩니다.

이렇게 진행해 보세요

1 아이에게 책을 재미있게 읽어 줍니다.

2 동물이 몇 마리 들어갔는지 세어 봅니다.

3 동물이 들어갈 때마다 장갑 모양이 어떻게 바뀌었는지 이야기해 줍니다.

4 아이들이 많이 있는 경우 사람이 들어갈 수도 있지만, 인형을 이용할 수도 있어요. 토끼와 양이 먼저 들어가고…….

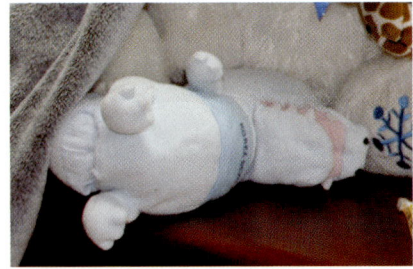

5 동물이 들어갈 때마다 넘어지거나, 옆으로 비키면서 힘들어하는 상황도 함께 만들어 봅니다.

6 동물이 다 들어간 후에는 '어흠~!' 소리와 함께 나오는 상황을 연출합니다.

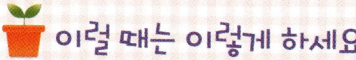 **이럴 때는 이렇게 하세요**

아이들은 좁고 아늑한 자기만의 공간을 좋아합니다. 장갑 대용으로 아이들이 들어갈 수 있는 크기의 천이나 실내용 텐트를 준비해 주세요. 늘어나는 천이면 더욱 좋습니다. 좁은 장갑 안에 들어가서 함께 소곤소곤 이야기도 나누고 동물 흉내도 냅니다. 간혹 심하게 장난을 치면 서로 부딪쳐서 다칠 위험이 있으니 주의해야 합니다.

Q 책은 반복하여 읽어도 재미있어하는데, 활동하는 것은 반복하면 지루해하지 않나요?

A 아이들이 돌아가면서 동물 역할을 맡기 때문에 장갑 안에 들어가는 순서가 다릅니다. 때문에 지루해하지 않고 즐거워합니다.

Q 활동이 끝나고 마무리는 어떻게 해야 할까요?

A 책의 마지막 장면은 할아버지가 잃어버린 장갑을 다시 주워 가는 것입니다. 연극에서는 아이들이 모두 안으로 들어가면 천을 벗겨 냅니다. 이때 아이들이 한바탕 웃으면서 연극이 마무리됩니다.

다른 활동도 할 수 있어요

★ **동물 특징 살려서 문장 만들기**

이 그림책은 '팔딱팔딱 개구리', '빠른 발 토끼' 등과 같이 동물의 특징을 잘 나타내는 문장이 인상적입니다. 이 책에 등장하는 동물 뿐 아니라 다른 동물들의 특징을 살려 의성어와 의태어를 이용한 문장을 만들어 보세요.

6 엄마 놀이

> **아이가 이럴 때 활동하면 좋아요**
> - 동생과 언니가 함께 엄마 놀이를 할 때
> - 아이가 집안일을 돕고 싶어 할 때

 어떤 책을 이용할까요?

《도깨비를 빨아버린 우리 엄마》 (사토 와키코 지음 | 이영준 옮김 | 한림출판사)

빨래하는 것을 정말 좋아하는 엄마가 있습니다. 날씨가 좋은 날이면 엄마는 두 팔을 둥둥 걷어붙이고 눈에 띄는 모든 것, 심지어 아이들, 고양이, 우산까지 주위의 모든 것을 빨아 버립니다. 어느 날 엄마의 빨랫줄에 더러운 천둥번개도깨비가 걸렸습니다. 이를 본 엄마는 더러운 도깨비를 깨끗이 빨아 줄에 널어 말립니다. 그러나 몰라보게 깨끗해진 도깨비는 눈도 코도 입도 사라집니다. 이를 본 아이들이 도깨비의 얼굴을 예쁘게 그려 줍니다. 예뻐진 도깨비가 부러운 다른 도깨비들도 서로서로 빨아 달라고 엄마의 빨래터로 몰려옵니다.

 이 활동을 하면 무엇이 좋을까요?

엄마가 설거지나 빨래를 하고 있으면 아이들은 옆에서 칭얼대거나 따라 하고 싶어 합니다. 물과 거품이 주는 재밌는 느낌이 좋기 때문입니다. 그러나 번거롭거나 도움이 안 된다는 이유로 엄마는 만류합니다. 이럴 때 책을 읽고 간단한 빨래 놀이를 해 봅니다. 더운 여름이라면 마당이나 욕실에 앉아 아이의 옷이나 좋아하는 인형, 손수건, 작은 양말을 손으로 조물조물 빠는 거지요.

비누 거품을 내고 쓱쓱 싹싹 비비고 문지르며 즐겁게 빨래 놀이를 해 보세요. 도깨비도 시원하게 빨아 버리는 물놀이도 즐겁고, 빨래하는 과정에 대한 궁금증도 풀리고, 엄마가 하는 일에 동참했다는 자부심도 느낄 수 있습니다. 빨래 놀이는 손가락을 조물거리고 팔도 움직여야 합니다. 그래서 대근육과 소근육이 모두 발달하게 되지요. 커다란 욕조에 이불을 넣고 아이랑 함께 밟아 보세요. 다리 운동도 되고 엄마의 사랑도 느끼게 해 주는 신나는 놀이 한마당이 됩니다.

같은 활동을 위한 추천 그림책

《빨래하는 날》 (홍진숙 글 | 원혜영 그림 | 시공주니어)
세탁기가 없던 옛날에는 어떻게 빨래를 했을까요? 그 시절에 옷과 이불 등을 빠는 엄마의 손길을 어린아이의 시선으로 잔잔하게 그린 책입니다. 아이들이 빨래와 함께 흥겹게 노는 모습을 통해서, 엄마가 하는 일이 아이들에게 재미있는 놀이가 되는 풋풋함을 느낄 수도 있습니다.

《돼지 책》 (앤서니 브라운 지음 | 웅진주니어)
엄마가 혼자 집안일을 하면서 힘들어하는 모습을 유머러스한 글과 풍성한 그림으로 재미있게 전달하고 있습니다. 엄마가 하는 일을 따라 하면서, 엄마가 얼마나 힘든지를 느껴 볼 수 있어요.

이렇게 진행해 보세요

1 빨래 통과 아이들이 가지고 노는 인형들을 가지고 빨래를 해 봅니다.

2 많은 빨래를 널기 위해 빨랫줄을 연결합니다.

3 깨끗하게 빤 인형들을 빨랫줄에 널어요.

4 인형을 널다가 빨랫줄에 빨래처럼 매달리며 놀 수도 있습니다.

5 도깨비처럼 가면과 망토와 함께 매달립니다.

6 도깨비 가면과 망토를 입고 다시 도깨비로 돌아갑니다.

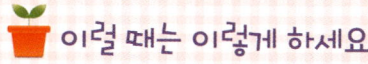 이럴 때는 이렇게 하세요

위 사진의 준형이는 할머니 집 옥상에서 놀이를 했습니다. 집 안보다는 마당이 공간을 넓게 활용할 수 있어 더욱 다양한 놀이를 즐길 수 있습니다.

Q 빨래를 하고 있을 때 아이들과 놀아 주려면 어떻게 해야 하나요?
A 아이는 직접 빨랫감을 조물거리며 비누를 칠하고 비벼 보는 것만으로 무척 즐거워합니다.

Q 엄마가 하는 일을 궁금해하는 아이들에게는 어떻게 이야기해 주어야 할까요?
A 말로 설명해 주는 것도 좋지만, 아이가 함께 참여하게 하는 것이 가장 좋습니다. 예를 들어 요리를 할 때나 설거지를 할 때 함께 해 보면 좋겠지요.

Q 도깨비 가면을 만든 후에는 어떤 활동을 하면 좋을까요?
A 가면을 만들고 난 뒤에 꼭 어떤 놀이를 할 필요는 없습니다. 괴물 놀이를 해도 좋고, 그냥 가면을 쓰고 집 안을 다니며 도깨비 흉내를 내도 아이의 창의력이 쑥쑥 자라납니다. 새로운 놀이는 아이의 상상력을 자극하니까요.

다른 활동도 할 수 있어요

★ **거실에 빨랫줄 만들고 예쁜 옷 그림 걸기**

이 책을 읽고 빨래를 직접 해 보는 것도 좋지만, 색종이나 재활용 종이로 옷이나 수건을 만들어서 놀 수도 있습니다. 아이들은 거실이나 벽면에 빨랫줄을 만들고 종이로 만든 옷가지를 빨래처럼 널면서 즐거워합니다. 거실 한편에 줄을 매달고, 만든 빨래를 그 위에 테이프로 붙이면 예쁜 장식이 됩니다.

7 병원 놀이

아이가 이럴 때 활동하면 좋아요
- 이 닦기를 싫어할 때
- 치과 치료를 시작해야 할 때

 어떤 책을 이용할까요?

《치과 의사 드소토 선생님》 (윌리엄 스타이그 지음 | 비룡소)

드소토 선생님은 작은 생쥐 치과 의사입니다. 아주 뛰어난 선생님이지만, 몸이 작은 생쥐이다 보니 커다랗고 위험한 동물이 찾아오는 날은 걱정이 많습니다. 어느 날 여우가 찾아와 이를 고쳐 달라고 하자, 생쥐 부부는 교활한 여우가 자신들을 해칠까 봐 걱정합니다. 그러나 지혜로운 아내 덕분에 무사히 여우의 치료를 마치고 즐거워하는 이야기입니다.

 이 활동을 하면 무엇이 좋을까요?

아이들은 대부분 병원에 가기 싫어합니다. 특히 치과를 가장 싫어합니다. 치과에서 어린아이가 의사 선생님 앞에서 큰 소리로 울음을 터뜨리는 것을 자주 볼 수 있습니다. 왜 그럴까요? 두렵기 때문입니다. 입을 벌려 자신의 속을 보여 주는 것도 두려운데, 치과에 있는 도구들은 '위잉~' 하면서 듣기 싫은 소리를 냅니다. 병원 가기 전에 책을 읽고 치과 놀이를 해 보면 어떨까요? 놀이를 통해 병원에 대한 두려움을 조금이나마 덜어 줄 수 있습니다. 또 치료 과정이 아프기는 하겠지만 미리 겁먹고 긴장하지 않도록 마음의 준비를 할 수 있겠죠. 의사의 역할이 무엇인지, 왜 병원 치료가 필요한지 이야기하면서 자연스럽게 왜 평소에 이를 잘 닦아야 하는지도 알려 줄 수 있습니다.

유치를 빼고 영구치가 날 즈음이면 아이들은 지레 겁을 먹고, 이가 흔들려도 숨기는 경우가 있습니다. 잘못해서 시기를 놓쳐 덧니가 나면 교정하느라 어마어마하게 힘들잖아요. 무조건 이렇게 해라, 저렇게 해라 가르쳐서 되는 일은 없습니다. 스스로 느끼고 깨달아 알아 가는 것이 중요하지요. 이런 놀이는 잔소리하지 않고 좋은 양치 습관을 들이는 데 아주 좋은 방법이기도 합니다.

같은 활동을 위한 추천 그림책

《숲 속 약국 놀이》 (박정완 지음 | 시공주니어)
2011년 볼로냐 국제 어린이 도서전에서 '올해의 일러스트레이터'로 선정, 주목을 받은 박정완 작가의 그림책이에요. 엄마가 약사인 민혜가 숲 속 놀이터에 가서 동물 친구들과 약국 놀이를 하는 이야기입니다. 이야기를 읽으면 쉽게 약국 놀이를 따라 할 수 있습니다.

《멍멍 의사 선생님》 (배빗 콜 지음 | 보림)
멍멍이 의사 선생님이 등장하여, 어린이들이 건강을 위해 지켜야 할 생활 습관을 재미있게 설명해 줍니다. 의사 선생님의 말투나 행동을 흉내 내며 자기 몸 관리의 필요성을 생각해 볼 수 있습니다.

 이렇게 진행해 보세요

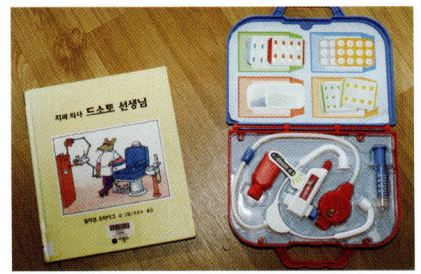

1 병원 놀이 장난감을 준비합니다. 집에서 만들어 사용해도 좋습니다.

2 아이들과 그림책을 재미있게 읽으며, 의사 선생님이 어떻게 하나 이야기를 나눕니다.

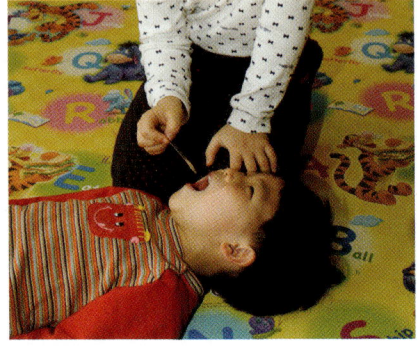

3 온도계로 체온을 재거나, 입속을 들여다봅니다.

4 심장이 뛰는 소리를 청진기로 들어 보고, 어떻다고 이야기합니다.

5 동물 인형을 대상으로 병원 놀이를 할 수도 있습니다.

6 의사 놀이를 다 한 후에는 어떻게 이를 닦을지 함께 이야기 나눕니다.

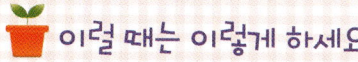 이럴 때는 이렇게 하세요

병원 놀이 장난감이 있는 집이 많을 거예요. 장난감이 없다면 직접 만들거나, 부엌에 있는 비슷한 도구를 사용하면 됩니다. 그리고 의사와 간호사 역할은 서로 바꿔 가면서 해 보세요.

Q 병원 놀이 할 때 쉽게 소품을 이용하는 방법은 없을까요?

A 커다란 손수건은 삼각형으로 접어 팔이나 다리를 묶는 데 쓸 수 있습니다. 또한, 나무젓가락은 체온계로, 이어폰은 청진기로 쓸 수 있지요.

Q 병원 놀이 전문 기구를 사용하는 게 좋나요? 아니면 집에 있는 것을 이용하는 것이 좋나요?

A 기구보다는 집에서 자주 사용하던 것을 이용하는 것이 좋습니다.

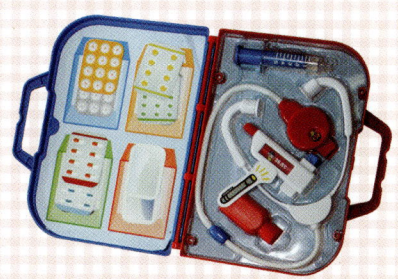

다른 활동도 할 수 있어요

★ 이 닦기 놀이

유아에게 이 닦기를 잘 지도하기가 어렵기 때문에, 어느 정도 나이가 들 때까지 부모님이 이를 닦아 주는 경우가 많지요. 이 책은 이를 바르고 깨끗하게 닦는 방법을 놀이처럼 지도할 수 있어서 좋습니다.

8 피자 놀이

아이가 이럴 때 활동하면 좋아요
- 비 오는 날 실내에서 놀고 싶을 때
- 아빠가 휴일에 아이와 놀아 줄 때

 어떤 책을 이용할까요?

《아빠와 함께 피자 놀이를》 (윌리엄 스타이그 지음 | 보림)

피트는 친구들과 공놀이를 하고 싶어 합니다. 그러나 비가 내려 기분이 좋지 않아요. 우울해하는 피트를 본 아빠는 아들을 위해 피자 놀이를 시작합니다. 피트를 식탁에 눕히고 물을 뿌려 반죽을 하고, 땀띠분과 장기 말, 종잇조각으로 토핑을 하여 피자를 만듭니다. 피자를 다 만든 뒤에 피자가 된 피트를 소파에 뉘어 구워 냅니다. 피트와 아빠가 피자 놀이를 하는 사이에 비가 그치고, 즐거워진 피터는 공놀이를 하러 밖으로 나갑니다.

 이 활동을 하면 무엇이 좋을까요?

뛰어놀기를 좋아하는 아이들은 비가 오면 집에서 무척 답답해합니다. 이런 날, 아빠와 함께 할 수 있는 간단한 놀이입니다. 아이가 피자가 되는 순간 아이의 온몸을 서로 만지며 놀 수 있어서, 평소에 아이와 충분히 놀아 주지 못해 아쉬운 아빠에게도 즐거운 시간이 될 수 있습니다.

요즘 TV에서 보이는 아빠들은 정말 만능입니다. 요리, 운동, 아이 돌보기까지 못하는 것이 없지요. 하지만 대부분의 아빠들은 일하느라 바빠 도무지 시간을 낼 수 없고, 어쩌다 집에 있는 날은 쉬고만 싶을 겁니다. 그럴 때 무작정 아이와 놀아 줘야 한다고 잔소리를 하면 아빠는 아이와 노는 것이 익숙하지 않아 당황합니다. 이때 쉽고 재밌는 피자 놀이를 제안합니다. 아이와 함께 즐겁게 놀 수만 있다면 순서나 시간도 별로 중요하지 않습니다. 아이는 피자의 도우가 되고, 토핑 재료는 눈에 띄는 아무것이나 활용하여 아이의 몸에 올리면 되니까요. 놀이를 하다가 아빠와 아이가 정말로 피자가 만들고 싶어진다면, 다음엔 '진짜 피자'에 도전해 보세요. 아이가 아빠와 함께 놀 때를 기대하며 기다리는 그 시간이 진짜 행복한 시간입니다.

같은 활동을 위한 추천 그림책

《커다란 방귀》 (강경수 지음 | 시공주니어)
코끼리의 큰 방귀 소리로 동물들의 평화로운 일상이 깨집니다. 동물들은 깜짝 놀라기도 하고 멀리 날아가기도 하지만 코끼리를 원망하지 않아요. 집에서 가장 방귀를 잘 뀌는 아빠와 함께 방귀 뀌는 동물 그림을 그리며 활동하기 좋아요.

《집으로 가는 길》 (하이로 부이트라고 글 | 라파엘 요크탱 그림 | 노란상상)
이 책은 아빠가 없는 어린 소녀가 아빠 대신 나타난 사자와 함께 집으로 가는 과정을 따뜻하게 묘사하고 있습니다. 아빠가 사자가 되어서 주위 사람들을 놀라게 하고 든든하게 지켜 주면서 아이에게 사랑을 전할 수 있어요.

이렇게 진행해 보세요

1 피자 토핑에 사용할 땀띠분, 장기 말, 종잇조각 등 다양한 재료를 준비합니다.

2 아이를 안아서 탁자 위에 눕힙니다.

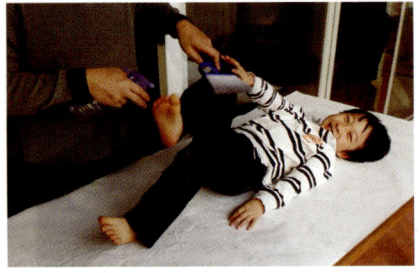

3 아이를 반죽처럼 이리저리 뒤적이기도 하고, 기름이라 생각하고 물을 발라 줍니다.

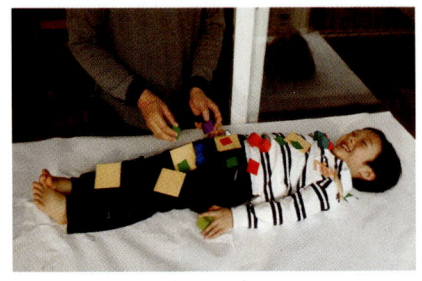

4 준비된 재료를 이용해서 토핑처럼 몸에 얹어 줍니다.(땀띠분을 밀가루처럼 뿌릴 수도 있습니다.)

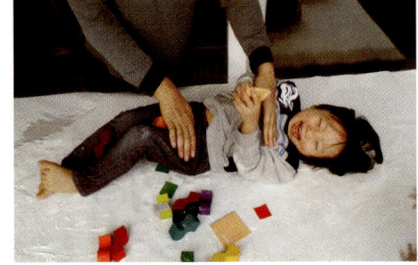

5 피자에게 말을 걸어도 피자는 대답을 못 합니다. 그럴 때 간질여서 웃음을 터트립니다.

6 소파를 오븐이라고 생각하고 옮겨 구운 후 스트레칭을 하며 먹는 시늉을 합니다.

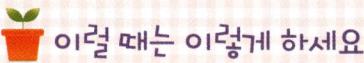 **이럴 때는 이렇게 하세요**

피자 토핑은 책에 나오는 것뿐 아니라 다양하고 재미있는 재료를 활용하면 좋습니다.

Q 아이가 부모를 대상으로 피자를 굽게 하면 어떨까요?

A 그러면 더욱 즐거운 일이 되겠지요.

Q 한 번 할 때 어느 정도의 시간이 걸리나요?

A 책을 읽고 이야기를 나누는 시간, 그리고 준비물을 함께 마련하고 피자 놀이를 하는 시간을 더하면 1시간 30분 정도 걸립니다.

Q 마땅한 식탁이 없을 때는 무엇을 이용하면 좋나요?

A 소파나 거실 바닥 등 어디라도 좋습니다.

Q 나이가 조금 든 아이들이 재미있게 하는 방법은 무엇인가요?

A 초등학생 아이들도 아빠와 함께하는 놀이를 즐거워합니다. 초등 저학년까지는 피자 만들기 활동이 효과적이고, 고학년이라면 아빠와 함께 진짜 피자를 만들어 볼 수 있습니다.

다른 활동도 할 수 있어요

★ **몸으로 탑 쌓기 놀이**

아이가 연령이 높은 경우 아빠와 함께 탑 쌓기 놀이를 하면 좋습니다. 아빠가 제일 밑에 눕고, 그 위에 큰아이가 눕고, 그 위에 작은아이가 누워 탑을 쌓는 놀이입니다.

9 소꿉놀이

아이가 이럴 때 활동하면 좋아요
- 친구랑 소꿉놀이할 때
- 요리를 하고 싶어 할 때

 어떤 책을 이용할까요?

《산골짜기 연이네 비빔밥》 (천미진 글 | 양윤미 그림 | 키즈엠)

산골짜기 작은 집에 엄마와 연이가 살고 있습니다. 엄마가 밥을 지었더니 구수한 밥 냄새가 산골짜기에 퍼져 나가고 다람쥐, 토끼, 너구리가 찾아옵니다. 연이와 동물 친구들은 흙으로 밥을 짓고, 나뭇잎으로 나물을 하고, 소꿉놀이를 하며 엄마의 맛있는 밥이 되기를 기다립니다. 엄마가 동물들이 가져온 호박과 버섯, 당근으로 맛있는 비빔밥을 만들어 배불리 먹습니다.

 이 활동을 하면 무엇이 좋을까요?

유아기에는 자신을 닮은 작고 귀여운 동물을 좋아합니다. 이런 동물과 함께 따뜻한 봄날 마당에서 함께 책을 읽고 소꿉놀이를 한다면 어떨까요? 꽃잎과 나뭇잎으로 반찬을 만들고 흙으로 밥을 지어, 넓적한 돌멩이 그릇에 담아 맛있게 '냠냠' 하고 먹어 보세요.

아이는 따스한 햇볕만큼 행복을 느낄 것입니다. 나물 반찬은 손이 참 많이 가는 반찬입니다. 재료를 다듬고 씻고 삶은 다음 또 갖은 양념을 더해 무쳐야 밥상에 올라오는 반찬이 완성된다는 것을 아이들은 잘 모릅니다. 비록 소꿉놀이지만 그 과정을 실제처럼 해 보세요. 엄마가 얼마나 정성을 들여 반찬을 만드는지 알게 되겠죠? 여름에는 온 천지가 초록입니다. 우리가 다 이름을 알지 못해도 제각각 꽃도 피고 잎이 무성해집니다. 뜨거운 여름날 선선한 나무 그늘에서 소꿉놀이도 하고, 점심으로는 커다란 양푼에 열무김치, 콩나물, 시금치, 고추장 조금 넣고 쓱쓱 비벼 먹어 보세요. 소꿉놀이가 진짜가 되는 신나는 경험이 됩니다.

같은 활동을 위한 추천 그림책

《고사리손 요리책》 (배영희 글 | 정유정 그림 | 길벗어린이)
엄마와 아빠, 아이가 함께 만들어 볼 수 있는 우리 음식 30가지를 소개하고 있어요. 계절별로 음식을 나누고, 요리의 이름도 붙여 놓았어요. 후루룩 수제비, 올망졸망 조랭이떡국, 하품하는 꼬막무침 등 실제로 요리할 수도 있지만, 다양하고 재미있게 소꿉놀이로 해 볼 수도 있어요.

《야, 생선이다!》 (나가노 히데코 지음 | 책읽는곰)
요리하고, 먹고, 춤추고, 노래하고, 그림을 그리고…… 아이들 스스로 마음껏 즐길 거리를 찾아냅니다. 그렇게 먹고 노는 사이에 아이들은 자연스럽게 많은 것을 배웁니다. 생선이 어떻게 생겼는지 관찰하고, 어떻게 요리하는지 배우고, 음식을 먹는 바른 습관도 익힐 수 있어요.

이렇게 진행해 보세요

1 소꿉놀이 재료들을 준비합니다.

2 한 아이는 나물을 캐고, 다른 아이는 나물을 다듬어요.

3 나물을 냄비에 넣고 삶습니다.

4 만들어진 나물에 알맞게 양념을 넣습니다.

5 함께 섞어서 맛있는 비빔밥을 만듭니다.

6 모두 함께 나누어 먹습니다.

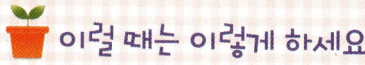 이럴 때는 이렇게 하세요

소꿉놀이는 친구들이 너무 많아도 재미없고 너무 적어도 재미없습니다. 인원에 따라서 역할을 나누고 서로 바꿔 가면서 놀아야 재미있습니다.

Q 소꿉놀이를 어떻게 설명해 주어야 할까요?

A 아이들이 장난감이나 그릇 따위를 갖고 살림살이를 하며 엄마 아빠 흉내를 내며 노는 놀이라고 얘기해 주세요.

Q 소꿉놀이 장난감이 없다면 어떻게 할까요?

A 집에서는 쓰지 않는 그릇을, 밖에서는 납작한 돌멩이를 사용하세요.

다른 활동도 할 수 있어요

★ 아이와 함께 비빔밥 만들기

아이들은 요리에 참여하는 것을 무척 즐거워합니다. 이 책을 읽고 소꿉놀이를 하는 것도 좋지만, 직접 먹을 수 있는 비빔밥을 만들어서 친구들과 함께 먹는 것도 좋습니다.

연극, 역할극

연극이나 역할극은 아주 쉽게 말하면 소꿉놀이라고 할 수 있습니다. 누구나 어린 시절 친구들과 아무런 부담 없이 하던 가장 원초적인 놀이라고 생각하면 됩니다. 아이들이 노는 모습을 보면 알 수 있습니다. '너는 엄마 해, 나는 아빠 할게. 그리고 곰돌이는 애기 시키자.' 자기들끼리 역할을 척척 나누고 할 말도 정해 줍니다. 우리가 책을 읽고 하는 연극이나 역할극도 이런 소꿉놀이라고 생각해 보세요. 그럼 쉽게 시작할 수 있습니다.

엄마 아빠가 그냥 함께 있어 주기만 해도 신나요

《커다란 순무》이야기를 해 볼까요? 휴일이면 피곤한 아빠는 소파에 길게 누워 있고 싶지요? 그럴 때 알맞은 역할극입니다. 아빠는 움직이지 않아도 됩니다. 소파에 누워 있는 아빠가 순무가 되어 주세요. 소파에 오히려 딱 붙어 있어서 아이들에게 힘을 쓰게 해야 합니다. 엄마와 아이들, 집에 있는 고양이, 강아지 인형들까지 줄줄이 세운 다음 아빠를 힘껏 당겨 소파에서 떨어뜨리면 끝! 아빠는 몇 번이고 소파에 누워 주기만 해도 아이들과 놀아 주는 좋은 아빠가 됩니다. 마지막에 아빠가 일어나 아이들을 덥석 안고 냉장고로 가서 맛있는 간식을 꺼내 준다면 더 즐겁겠죠. 대사는 없느냐고요? 그림책에 있습니다. 쉬운 낱말들이 반복되니 한두 번 읽으면 쉽게 따라 할 수 있습니다.

윌리엄 스타이그의 《치과 의사 드소토 선생님》을 읽고 나면 아이들은 누가 시키지 않아도 병원 놀이를 곧잘 하고 놉니다. 가만히 곁에서 지켜보고 있으면 가장 어린 아이에게 꼭 환자를 시킵니다. 그것도 선심 쓰듯 끼워 주는 거지요. 이럴 때 아빠가 등장해서 환자가 되어 주세요. 그냥 누워서 아이들이 주무르고 쿡쿡 찌르고 눈꺼풀을 잡아당겨도 꼭 참아 주기만 하면 됩니다. 환자는 의사의 지시를 잘 따라야 하니까요. 후카미 하루

오가 그린 《거인 아저씨 배꼽은 귤 배꼽이래요》를 통해서도 아빠가 참여하는 간단한 연극을 만들 수 있습니다. 아빠의 커다란 배 위에 귤을 놓은 다음 귤이 떼굴떼굴 굴러떨어지는 것을 보는 것만으로도 정말 재미있어합니다. 누워 있는 것을 좋아하는 아빠와 귤을 좋아하는 아이가 만드는 추억의 한 장면이지요.

아이는 처음에는 책에 나오는 대사만 짤막하게 하지만, 반복되면서 책 속 글의 리듬감과 감정을 살려서 자기만의 새로운 이야기와 대사를 만들기 때문에 지루함이 없고 창의적인 활동으로 이어집니다.

작은 소품 하나로 더 신나게

존 버닝햄의 《야, 우리 기차에서 내려》 같은 그림책은 줄넘기나 긴 끈으로 기차를 만들며 더 실감 나게 놀 수 있습니다. 큰 상자를 몇 개 마련해 이어 붙이면 진짜 기차처럼 칸이 생깁니다. 버려지는 재활용품들 중에는 아이들과 활동할 때 아주 요긴하게 쓰이는 것들이 많습니다. 재활용 머리띠에 동물 인형을 그려 붙여 주면 동물 역할극을 더 멋지게 꾸밀 수 있습니다. 성격이 소심한 아이들도 역할극을 하기 위해 뭔가 하나 손에 쥐어 주면 덜 쑥스러워하고 자기표현을 하려고 합니다. 소품에 필요한 그림을 못 그린다고요? 인터넷에서 자료를 검색해서 인쇄한 후 필요한 곳에 붙여 주세요. 조금만 마음을 쓰면 됩니다. 나무젓가락에 그림을 붙이면 간단한 막대 인형이 되고, 종이 접시에 눈, 코, 입을 그린 다음 뚫으면 가면이 됩니다. 커다란 종이 박스 하나가 존 버닝햄의 《검피 아저씨의 뱃놀이》에서는 배가 되고, 앤서니 브라운 《터널》의 터널이 되어 줍니다. 작은 소품 하나가 아이들 마음을 열어 쉽게 역할에 몰입하도록 도와줍니다.

아무도 소외되지 않는 즐거운 놀이

아이들과 책을 읽고 역할극을 할 때 가장 먼저 하는 일이 역할을 정하는 겁니다. 이때 원칙이 있어야 합니다. 동네 아이들과 모여 《검피 아저씨의 뱃놀이》 역할극을 할 때 일입니다. 평소에도 말이 없고 혼자 그림 그리기를 좋아하는 옆집 아이가 자기는 아무것도 하지 않겠다고 합니다. 그래서 '햇님' 역할을 하자고 했지요. 아무것도 안 하고 그냥 해 그림을 들고 서 있기만 하면 되는 거니까요. 아이는 처음엔 그것도 하기 싫어하더니, 나중엔 누구보다 더 신나 하던 기억이 납니다. 누구도 빠지지 말고 함께해야 합니다. 말하는 데 자신이 없는 아이라고 빼놓지 말고, 간단하고 말이 없는 역할부터 참여시킬 필요가 있습니다. 《커다란 순무》의 '순무'나 《야, 우리 기차에서 내려》의 강아지처럼 쉽게 참여시킬 만한 역할을 찾아보세요.

그림책의 글만 읽으면 된다고 아무리 말해도 "싫어요, 못해요"라고 하는 아이들이 있습니다. 그럴 때는 작은 메모지에 말할 내용을 적어 나눠 주고 외우게 해 보세요. 분량이 작은 것 같아서 안심하고 역할극에 참여할 마음을 먹습니다. 나중엔 메모지를 보지 않고도 저절로 외워지는 것을 경험하게 됩니다. 자기 맘대로 이리저리 대사를 바꿔서 하는 아이들도 있지요. 극의 흐름만 엉뚱하게 바뀌지 않는다면 하고 싶은 말을 자유롭게 하도록 내버려 두세요. 앤서니 브라운의 《돼지책》을 읽고 엄마 역할을 맡은 아이는 오히려 엄마에게 자기가 하고 싶은 말을 대사로 말하는 경우도 있습니다. 그것대로 아이의 소중한 마음이 담겨 있을 수 있습니다.

역할을 정하다가 싸우는 아이들이 종종 있습니다. 하고 싶은 역할을 맡지 못하면 울면서 떼를 쓰기도 하지요. 그럴 때는 제비뽑기라는 좋은 방법이 있습니다. 마음속에 어느 정도 불만이 있겠지만 아이들은 결과를 수긍하게 됩니다. 그러다 보면 아이들끼리 "다음엔 네가 주인공 해" 하면서 주인공을 공평하게 돌아가는 규칙을 정하기도 합니다. 이렇게 역할 놀이를 반복하면서 아이들은 불만이 있어도 참는 마음과 상대에 대한 배려를 배웁니다. 공연히 어른이 이래라저래라 하지 않아도 아이들 중에 누군가 중재를 잘하는 경우도 많이 있습니다. 서로 양보하지 않으면 아무것도 시작할 수 없다는 것을 유치원 갈 나이만 되어도 아이들은 이미 알고 있으니까요.

아이들의 역할이 모두 정해졌으면 등장하는 순서를 정해야 합니다. 아이들은 처음엔 그림책에 나오는 순서대로 꼭 지키려고 하지만, 딴짓하다가 자기 순서를 놓치는 아이도 있고 먼저 끼어드는 아이도 있습니다. 하지만 과정이 즐겁다면 그런 실수는 아무 문제가 되지 않는다는 것을 아이들 스스로 깨닫고 알게 됩니다.

VI 요리하며 놀기

아이들의 아침을 가장 부드럽게 깨우는 것은 무엇일까요? 유아기 때는 엄마의 부드러운 품과 목소리지만, 아이가 조금 더 크면 부엌에서 달그락거리는 소리에 깨어납니다. 그럴 때의 아이는 어떤 투정도 부리지 않고 일어나 가만가만 엄마에게로 가지요. 그러고는 졸린 눈으로 엄마가 무엇을 하는지 바라봅니다. 엄마가 만드는 음식이 누구를 위한 것인지 아이는 정확히 알고 있어요.

이렇게 엄마가 음식을 준비하고 있으면 그 옆에서 아이들은 엄마를 바라보는 것을 좋아합니다. 처음에는 배가 고파서 '음식이 언제 되나'에 집중하지만, 시간이 지나면 엄마가 음식을 만드는 것을 관찰하는 것으로 시야가 넓어집니다. 엄마는 마치 춤을 추듯이 몸을 놀리고, 엄마가 만지는 그릇들은 달그락달그락 리듬감 있는 소리를 냅니다. 엄마의 부엌에는 아이의 호기심을 채워 주는 춤과 음악이 있어요.

어느 엄마든지 아이가 옆에서 엄마를 바라보고 있으면 아이에게 말을 겁니다. "자, 이제 이것을 자를 거야. 이건 우리 눈을 건강하게 해 주지. 이렇게 쫑쫑쫑쫑……" 하면서 설명을 해 주고, 불을 켤 때는 "위험하니까 여기 있어" 하며 아이를 불에서 먼 곳에 세우고, 밀가루 반죽을 할 때는 아이에게 반죽의 귀퉁이를 조금 떼어 주기도 합니다.

아이에게 음식의 세계란 얼마나 신비로운 것인가요. 자기가 만든 송편이, 만두가 어떤 것인지 찜기 안을 들여다보며 아이는 신기함과 기쁨을 느끼게 됩니다. '내가 만든 것이 저기 있어!' 하는 즐거움, 내가 만든

것을 내가 먹고 또 다른 사람이 먹는 그 기쁨을 알게 됩니다.
요리는 아이들의 두뇌 발달에도 큰 도움을 줍니다. 요리 재료를 만지면서 질감을 느끼고, 저마다 어떤 맛을 내는지에 대해 상상하고, 어떤 모양으로 손질할지 궁금해하며, 이 모든 재료들을 넣어 만든 음식이 어떤 맛일지 생각하며 점점 요리 전체의 과정을 생각하고 헤아립니다. 둘러앉아 음식을 만들며 어른들에게서 요리에 담긴 이야기를 들으면 자연스럽게 요리에 담긴 문화를 생각하게 합니다.
나아가 각각의 재료들이 내 입으로 들어가기까지 얼마나 많은 사람들의 수고가 있었는지를 생각하고 고마운 마음을 가집니다. 먹기 싫어하는 재료가 자기가 만든 요리에 들어가도 기꺼이 먹게 됩니다.

《손 큰 할머니 만두 만들기》나 《솔이의 추석 이야기》는 명절이면 다 같이 모여 맛있는 음식을 만들고 식구들이 오순도순 정을 나누는 이야기입니다. 장면마다 묻어나는 가족 간의 따뜻함을 느낄 수 있습니다. 《구리와 구라의 빵 만들기》는 구리와 구라가 빵 만드는 데 필요한 재료들을 하나씩 준비하고, 아주 커다란 빵을 만들어 숲 속 동물 친구들과 행복하게 나눠 먹는 과정을 통해 음식을 만들어 나누는 삶이 얼마나 즐거운지 보여 줍니다. 《구름빵》을 읽고 나면 정말 '구름빵'이 있어서 먹고 하늘을 둥실 날면 좋겠다는 엉뚱한 상상을 하게 됩니다.

1 만두 만들기

> **아이가 이럴 때 활동하면 좋아요**
> • 명절에 함께 음식을 만들어 나누어 먹을 때
> • 집에 할머니가 오셨을 때

 어떤 책을 이용할까요?

《손 큰 할머니의 만두 만들기》 (채인선 글 | 이억배 그림 | 재미마주)

손 큰 할머니는 설날이 되면 어김없이 만두를 빚습니다. 숲 속 동물 친구들도 다 같이 모여 만두를 빚느라 밤을 꼬박 새우지요. 뱀만두, 다람쥐만두 제각각 생긴 모양대로 열심히 만두를 빚어도 산처럼 쌓인 만두소는 줄어들지 않고 동물 친구들은 하나둘 꾸벅꾸벅 졸고 있습니다. 손 큰 할머니와 동물들이 만두 만드는 모습은 명절에 온 식구가 둘러앉아 만두를 빚는 장면을 떠올리게 합니다.

 이 활동을 하면 무엇이 좋을까요?

어떤 일이든 마찬가지겠지만, 만두 만들기 역시 혼자 하면 재미가 없습니다. 아이들이 요리를 즐거워하는 것은 일이 아니라 놀이이기 때문입니다. 만두 만들기는 아이와 어른이 함께하는 즐거운 놀이로 아주 훌륭한 소재입니다. 물론 어른들에게는 번거로운 이런

저런 이유들이 있지만, 명절이나 휴일에 긴긴 시간을 TV 앞에 온 식구가 앉아 있기보다는 뭔가 재미있는 시간을 보내는 데 요리만큼 좋은 일이 없지요. 어떤 일이든 시도해 보지 않으면 다 어렵게 느껴지는데, 요리도 마찬가지입니다. 그런데 의외로 간단하고 또 어지간히 구색만 맞추면 맛있게 먹을 수 있는 요리가 만두입니다. 만두소에는 식구들이 좋아하는 것을 넣으면 됩니다. 독특하고 재미난 만두가 탄생될 겁니다. 만두소 재료만 미리 장만해 두고 만두피는 시중에 파는 것을 이용해 보세요. 어린아이부터 어른까지 누구나 함께할 수 있고, 맛있는 음식을 만들면서 함께한 추억을 이야기해도 좋습니다. 만두에 얽힌 옛이야기나 부모님의 어린 시절 먹거리에 대해서도 이야기해 보세요.

같은 활동을 위한 추천 그림책

《연이네 설맞이》 (우지영 글 | 윤정주 그림 | 책읽는곰)
우리의 전통적인 설맞이 풍속을 생생하게 되살려 낸 그림책입니다. 작가는 익살스럽고 장난기 넘치는 표현으로 설맞이 모습을 따듯하게 그리고 있습니다. 설에 가족이 함께 여러 가지 음식을 만드는 모습을 정감 있게 그려내어, 아이들은 자신도 무엇인가 만들고 싶어 합니다.

《따끈따끈 열만두》 (박정선 글 | 이광익 그림 | 시공주니어)
유아들에게 더하기와 뺄셈을 재미있는 그림 이야기로 익힐 수 있게 한 책이에요. 만두 가게 아저씨는 셈을 못 해서 열 개씩만 팔았는데, 덧셈과 뺄셈을 하고 나서는 다양하게 팔게 되었다는 흥미로운 이야기입니다. 숫자 놀이를 하면서 만두를 만들면 더 재미있게 만들 수 있겠지요.

이렇게 진행해 보세요

1 만두소를 미리 만들고 아이들이 직접 피를 잘라 보게 합니다.

2 만두소를 넣고 만두 입을 물이나 계란 흰자로 붙입니다.

3 여러 모양의 만두를 만들 수 있습니다.

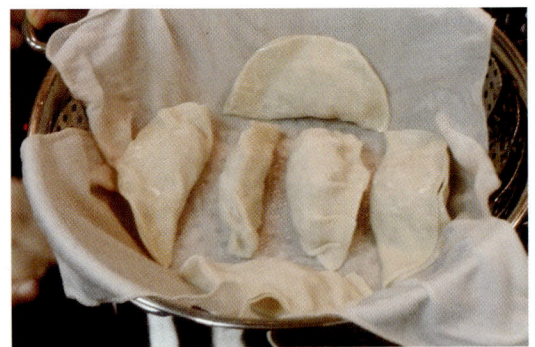

4 찜통에 넣고 만두를 찝니다.

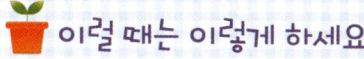 이럴 때는 이렇게 하세요

학교나 도서관에서는 진짜 만두를 만들기가 어려워 찰흙과 스티로폼 공으로 만두를 만들게 합니다. 활동이 끝날 때쯤 한쪽에서 진짜 만두를 쪄 먹는 것도 좋습니다. 무엇이든 먹는 수업을 아이들은 좋아하지요. 신문지를 바닥에 깔 때는 아이들이 움직이면서 찢어지기가 쉬우니까, 서너 겹 겹쳐서 깔아 주세요.

Q 아이가 만두를 만들면서 자꾸 실패하니까 하기 싫어해요.

A 아이가 만들기를 싫어할 때는 굳이 시키지 않아도 됩니다. 그러나 아이들에게 동물이나 자신이 좋아하는 물건을 닮은 만두를 만들어 보라고 하면 즐겁게 참여합니다.

Q 여러 아이들이 함께하는 경우 소란스러운데 어떻게 해야 하나요?

A 아이가 모인 곳이 소란스럽지 않다면 그게 더 이상하지 않을까요? 약간의 소란스러움이나 복잡함은 이해해 주셔야 독후활동이 즐거워집니다.

다른 활동도 할 수 있어요

★ **여러 가지 색의 밀가루 반죽 만들기**

만두를 만드는 일을 힘들어하면 반죽한 밀가루에 식용 색소를 넣어서 다양한 색의 밀가루 반죽 만들기 놀이를 할 수 있어요.

② 도넛 만들기

> **아이가 이럴 때 활동하면 좋아요**
> • 아이가 요리를 하고 싶어 할 때
> • 친구랑 나누어 먹는 즐거움을 알려 주고 싶을 때

 어떤 책을 이용할까요?

《구리와 구라의 빵 만들기》 (나카가와 리에코 글 | 야마와키 유리코 그림 | 한림출판사)

구리와 구라는 빵 만들기를 무척 좋아하는 들쥐 형제입니다. 어느 날 들쥐 형제는 도토리를 주우러 숲에 갔다가 커다란 알을 발견하고 카스텔라 빵을 만들기로 합니다. 구리와 구라는 부지런히 집에 가서 빵 만들 요리 기구와 재료를 준비해서 다시 숲으로 돌아옵니다. 들쥐 형제는 빵 만드는 솜씨가 예사롭지 않을뿐더러, 맛있게 구운 빵을 혼자만이 아니라 숲 속에 살고 있는 동물들과 나누는 따뜻한 마음씨를 가지고 있습니다. 온 숲 속에 빵 굽는 맛있는 냄새가 진동하자 동물 친구들이 몰려옵니다. 구리와 구라 형제는 노릇노릇하게 익은 카스텔라 빵을 동물 친구들과 사이좋게 나누어 먹습니다.

 이 활동을 하면 무엇이 좋을까요?

아이 친구들이 집에 놀러 올 때 책을 읽고 도넛을 만드는 활동을 하면 참 좋아합니다.

아이들은 자신처럼 작고 귀여운 동물들이 빵을 만들어 함께 나누어 먹는 모습을 부러워합니다. 친구들과 모여 밀가루 반죽을 하고, 도넛 모양을 찍어 내기도 하고, 자신이 좋아하는 동물을 만들기도 합니다. 이때 음식을 나눠 먹는 우리 풍습을 이야기해 주어도 좋습니다. 요리의 즐거움과 더불어 나누는 생활의 중요성을 아이들에게 전해 줄 수 있는 활동입니다. 도넛이라고 꼭 동그랗게 빚을 필요도 없고 또 가운데 구멍이 있는 가락지 모양이 아니어도 좋지만, 왜 그렇게 만들어야 하는지 이야기하다 보면 요리에 담긴 과학의 원리를 깨달을 수도 있습니다. 가운데에 구멍을 내면 도넛이 잘 익고 많이 부풀어 오릅니다. 과학의 원리를 말로만 설명하면 어렵지만, 직접 눈으로 보고 손으로 느껴 보면 쉽게 이해합니다. 부엌에서 이루어지는 이러한 활동의 과정은 통합교과형 수업이라고 할 수 있습니다. 요리를 하려면 기획하고 재료 준비를 거쳐 순서대로 뭔가를 계속해야 합니다. 아이들에게는 정말 좋은 놀이 같은 공부, 공부 같은 놀이가 될 것입니다.

같은 활동을 위한 추천 그림책

《도토리 마을의 빵집》 (나카야 미와 지음 | 웅진주니어)
도토리 마을의 빵집은 아침마다 빵을 사러 오는 사람들이 줄을 늘어설 만큼 인기가 있어요. 매일 새로운 빵을 내놓기 때문이지요. 코페와 쿠페가 아빠를 도우면서 배운 경험을 바탕으로 빵을 만드는 이야기를 담고 있어요.

《까마귀네 빵집》 (가코 사토시 지음 | 고슴도치)
색색의 네 마리 새끼들을 돌보느라 바쁜 까마귀 부부는 어쩔 수 없이 빵을 자주 태웁니다. 그런데 그 탄 빵 때문에 마을에 소동이 벌어져요. 구경하러 까마귀들이 몰려오면서 빵집은 큰 성공을 거둡니다. 다채로운 빵의 모습을 만날 수 있어요.

이렇게 진행해 보세요

1 도넛 가루, 식용유, 계란, 계핏가루, 설탕, 밀개 등을 준비합니다.

2 도넛 반죽을 만든 다음 밀개를 이용해 넓게 폅니다.

3 아이들이 원하는 모양을 그릇 등을 이용해서 만듭니다.

4 여러 모양의 도넛을 기름에 튀겨 냅니다.

🌱 이럴 때는 이렇게 하세요

요리는 엄마, 동생, 친구 등 누구와 함께해도 좋아요. 아이들이 요리를 할 때에는 어른이 옆에서 도와줘야 합니다. 그리고 요리에 관한 기본적인 이야기를 전해 줍니다. 예를 들어 뜨거운 냄비 뚜껑을 다루는 방법, 칼을 쥐는 법, 칼질을 하는 방법 등이 있지요. 처음은 간단한 요리로 시작해서 갈수록 복잡한 요리도 해 봅니다. 아이들은 음식을 만드는 것도 좋아하지만 예쁘고 멋지게 상을 차리는 것도 재미있어합니다. 그러나 부엌용 칼이나 가위를 사용할 때, 기름과 관련된 요리를 할 때에는 어른의 도움이 필요합니다.

Q 꼭 이 책을 읽고 도넛을 만들어야 하나요?

A 아닙니다. 도넛이 아이들과 만들기 쉽고 재미있지만 빵을 만든다거나 다른 요리를 해도 좋지요. 예를 들어 파전이나 해물전을 만들어 친구나 이웃들과 나누어 먹어도 좋겠지요. 김밥이나 잡채를 만들어도 좋아요. 중요한 것은 아이와 함께 요리를 해 보고, 만든 요리를 이웃과 나누는 활동을 통해 나눔을 알려 주는 것입니다.

Q 도넛 모양을 더 재미있게 만드는 방법은 없을까요?

A 아이들이 제일 좋아하는 도넛은 자신이 좋아하는 동물 모양을 한 것입니다. 손으로 조물조물 동물 모양을 만들어 보게 하세요.

> **다른 활동도 할 수 있어요**
>
> ★ **빵 만들기**
>
> 요즈음은 빵을 집에서 직접 만들어서 먹는 경우가 많습니다. 빵 만드는 법을 모르신다면 책이나 인터넷에 나와 있는 레시피를 참조하시기 바랍니다.

3 송편 빚기

아이가 이럴 때 활동하면 좋아요
- 추석 때 친척 집에 갔을 때
- 세시풍속에 대해 알려 줄 때

 어떤 책을 이용할까요?

《솔이의 추석 이야기》 (이억배 지음 | 길벗어린이)

솔이네 식구는 추석을 맞아 고향집에 갑니다. 아직 해도 뜨지 않은 새벽 어스름한 시간에 터미널에서 버스를 타고 갑니다. 길은 막히고 사람들은 많았지만 무사히 도착한 고향집은 따뜻하게 솔이 가족을 반겨 줍니다. 추석 전날 시골집 풍경은 소란스럽지만 맛있는 냄새가 풍기고 정겨운 목소리가 들립니다. 추석날 아침에 솔이네 식구들은 성묘를 하고 농악대를 따라 흥겨운 시간을 보냅니다. 다음 날 모두들 잠든 이른 새벽, 고향집을 나서는 솔이 가족의 손에는 할머니의 정이 담긴 햇곡식과 참기름 같은 여러 가지 먹을거리가 한 아름 들려 있습니다.

 이 활동을 하면 무엇이 좋을까요?

추석 무렵이나 우리나라 세시풍속에 대해 말할 때 이 책을 보여 주며 명절 이야기나 조

부모님 이야기를 나눠 보세요. 도시에서 생활하는 아이들에게 시골 풍경을 그림으로 나마 보여 줄 수도 있고, 잊혀 가는 시절의 정겨운 모습을 통해 아이들에게 고향이 뭔지 느끼게 해 줍니다. 고향 가는 길이 자동차로 꽉 차고 밀릴 때, 스마트폰에서 잠시 손을 떼고 아이들과 책을 읽어 보세요. 그리고 '어떤 송편'이 맛있을지, 어떤 모양으로 빚을지 이야기를 나누어 보세요. 지방마다 송편의 재료가 다르고 모양도 다양합니다. 장거리 여행을 한다면 지방 경계를 넘어갈 때 그 지방은 어떤 송편 재료를 넣는지 검색해 보고 메모해 두었다가 다음에 책 만들기 소재로 삼아도 되겠지요. 아이들과 요리할 때는 아이들 입맛에 맞추게 되지만 송편은 그럴 수 없는 경우가 많습니다. 어른들과 함께 송편을 빚다 보면 자연스럽게 전해지는 독특한 집안 내력을 배우기도 하고, 아이의 독특한 창의성이 돋보이는 새로운 송편도 탄생하는 즐거운 명절이 될 수 있습니다.

같은 활동을 위한 추천 그림책

《달이네 추석맞이》 (선자은 글 | 차정인 그림 | 푸른숲주니어)
추석을 맞아 할머니 댁에 모인 달이네 가족에게 벌어지는 알콩달콩 이야기를 통해 풍성하고 즐거운 추석의 모습과 풍습, 그 속에 담긴 문화를 알려 주는 그림책입니다. 온 가족이 함께 차례상에 올릴 음식을 준비하며 송편을 빚지요. 추석날 아침에는 모두 함께 차례를 지내고 성묘도 합니다. 책을 읽다 보면 추석 풍습과 놀이의 의미를 제대로 알 수 있어요.

《더도 말고 덜도 말고 한가위만 같아라》 (김평 글 | 이김천 그림 | 책읽는곰)
옥토끼 가족의 추석 풍경을 담았어요. 온 식구들이 함께 전을 부치고 송편을 빚어 정성스레 차례상을 차리는 장면부터, 온 마을 사람들이 어울려 달맞이며 강강술래를 하는 대동놀이 장면까지, 축제로서의 추석을 느끼게 해 주는 그림책입니다.

이렇게 진행해 보세요

1 솔이가 어떻게 추석을 보냈는지 함께 이야기를 나눕니다. 음식을 만들어 나누어 먹는 풍습도 함께 이야기합니다.

2 송편 반죽을 해 놓고, 들어갈 속도 준비합니다.

3 다양한 속을 넣어 송편을 만듭니다.

4 송편을 잘 마무리합니다.

5 아이가 만든 송편을 잘 만들었다고 칭찬해 줍니다.

6 먹을 송편을 함께 마무리합니다.

🌱 이럴 때는 이렇게 하세요

송편은 익반죽(더운반죽)을 합니다. 아이들에게 그냥 밀가루 반죽과 다르다는 것을 이야기해 주세요. 집집마다 풍습이 다를 수 있습니다. 다양한 풍습을 들으며 즐겁게 함께하는 시간이 되어야 하지요. 송편 빚는 법도 정해진 것은 없습니다. 지방마다 조금씩 다르지요.

Q 아이들이 송편을 싫어하는 경우는 어떻게 해야 할까요?
A 송편 반죽에 예쁜 색을 넣어 보세요. 송편이라고 꼭 정해진 색이 있는 것은 아니니까요.

Q 세시풍속에 대해서 설명하려면 몇 살 정도가 적당할까요?
A 4세 이상이 되면 우리가 일상적으로 지내는 설날이나 추석을 이해할 수 있습니다.

다른 활동도 할 수 있어요

★ 세시풍속 관련 책 만들기

우리가 해마다 잊지 않고 지내는 명절에 대해서 소개하는 책을 만들어 봅니다. 명절마다 날짜가 다르고 계절도 다르고, 해 먹는 요리도 다르고, 입는 옷도 다릅니다. 또 옷이나 음식에는 그 명절에 따른 의미도 있습니다. 이런 다양한 내용을 그림이나 글자를 이용하여 책을 만들 수 있습니다.

4 빵 만들기

아이가 이럴 때 활동하면 좋아요
- 간식을 먹고 싶어할 때
- 군것질을 좋아할 때

 어떤 책을 이용할까요?

《구름빵》 (백희나 글 | 김한수 사진 | 한솔수북)

아침에 눈을 떠 보니 비가 내리고 있습니다. 주인공은 동생을 데리고 비 구경을 하려고 밖으로 나갔다가 작은 나뭇가지에 구름이 걸려 있는 것을 발견하지요. 조심스럽게 구름 한 조각을 떼서 엄마에게 갖다 주니, 엄마는 빵 반죽 속에 구름 한 조각을 넣어 맛있고 고소한 빵을 만들어 줍니다. 그런데 빵을 먹고 나니 구름처럼 몸이 가벼워져 두둥실 하늘을 날 수 있게 되었습니다. 마침 아빠가 아침을 굶고 회사에 가시자 아이들은 하늘을 날아 만원버스에 시달리던 아빠를 돕습니다. 아빠도 '구름빵' 덕분에 제시간에 사무실에 도착하고 아이들은 무사히 집으로 돌아옵니다. '구름빵'을 먹고 하늘을 날 수 있다는 이야기도 재미있지만, 사진과 그림도 창의적입니다.

 이 활동을 하면 무엇이 좋을까요?

책을 읽고 비 오는 날 맛있는 간식을 해 먹거나, '구름빵'처럼 참신한 재료를 넣어서 빵을 만들어 보는 것도 재미있습니다. 책을 읽을 때는 되도록 아이들이 목소리만 듣고 충분히 상상하게 한 뒤에 그림을 보여 주세요. 빵이 익는 동안에 어떤 재료가 들어가면 뒤에 무슨 일이 벌어질지 상상하면 신나는 놀이가 됩니다. 꼭 오븐이 없어도, 또 빵이 아니어도 괜찮습니다. 우리 주변에 있는 식재료의 맛, 그것들이 조화롭게 섞였을 때의 맛, 익은 후의 맛을 생각하고 비교해 보는 과정은 모두 흥미진진한 놀이가 됩니다. 그림책을 읽고 같은 활동을 하더라도 나이에 따라 결과물의 형태와 내용이 다양하게 나올 수 있습니다.

빵은 아이들 손이 조몰락거리면 뭔가 새로운 것이 만들어지는 찰흙 놀이의 느낌도 있습니다. 심심해하는 아이들에게 빵 만들기는 놀이와 건강 모두에 좋습니다. 오븐에서 빵이 구워지는 시간을 기다리면서 글쓰기를 할 수도 있습니다. 일기 쓰기에 아주 좋은 날이 되겠죠?

같은 활동을 위한 추천 그림책

《달코미 아저씨와 빵 만들기 대회》 (박정선 글 | 서현 그림 | 시공주니어)
설탕 마을의 달코미 아저씨는 정말 맛있는 빵을 만드는 제빵사입니다. 달코미 아저씨의 케이크는 귤— 딸기— 키위 같은 과일을 차례차례 놓은 덕분에 빵 만들기 대회에서 1등을 할 수 있었지요. 빵을 만드는 과정에서 수학의 규칙 개념을 익힐 수 있어요.

《빵 공장이 들썩들썩》 (구도 노리코 지음 | 책읽는곰)
빵 공장에 몰래 들어간 말썽꾸러기 고양이들이 밀가루, 우유, 달걀, 설탕, 소금을 넣고 빵을 만들기 시작합니다. 그런데 베이킹파우더를 몽땅 넣어 버리는 바람에 빵이 공장만큼 커다랗게 부풀고 말지요. 빵을 만들 때 들어가는 재료를 알려 주고, 화덕에서 빵이 부풀고 구워지는 동안 벌어지는 소동을 통해 빵이 만들어지는 재미있는 과정을 보여 줍니다.

이렇게 진행해 보세요

1 아이들과 함께 책을 읽으면서 어떤 빵을 만들까 함께 이야기를 나눕니다.

2 빵용 밀가루, 베이킹파우더, 설탕, 소금, 버터, 우유, 계란, 크랜베리와 견과류 등 다양한 재료를 준비합니다.

3 밀가루와 버터, 베이킹파우더, 소금, 우유와 계란 흰자를 넣고 주걱 등으로 저어서 완전히 덩어리를 이루도록 반죽합니다.

4 크랜베리나 견과류 등 맛을 낼 수 있는 것을 넣어서 살살 섞어 줍니다.

5 판이나 비닐을 이용해 잘 펴 준 다음 먹기 좋은 크기로 자릅니다.

6 발효를 시킨 후 구워 빵을 만듭니다. 발효시키기가 힘들면 쿠키를 만들어 먹어도 좋아요.

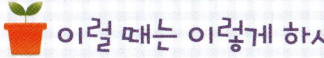 **이럴 때는 이렇게 하세요**

빵을 만들 때 평소와 다른 재료를 넣어도 재미있습니다. 먹을 수 있는 꽃이나 과일, 시중에서 파는 동물 모양 젤리를 넣어 보세요.

Q 오븐이 없는 경우는 어떻게 하나요?

A 밥솥을 이용할 수도 있어요. 버터를 밥솥의 바닥과 옆면에 바른 후에 반죽을 붓고 가열한 다음, 끓는 소리가 나면 끄고 식힙니다. 그런 다음 다시 가열하는 과정을 2~3번 반복하면 맛있는 빵을 만들 수 있어요. 전기밥솥을 사용한다면 '만능찜' 기능을 이용합니다. 그런데 밥솥을 이용하면 빵이 크게 한 덩어리로 만들어지는 단점이 있어요.

Q 구름빵의 '구름' 같은 재료를 넣을 수는 없나요?

A 슈퍼에서 솜사탕을 사서 넣어 보세요. 마시멜로도 괜찮을 듯합니다.

Q 4~5세 아이들도 빵 만들기가 가능한가요?

A 빵 반죽을 주물러서 간단한 모양을 만든 뒤 구우면 됩니다.

다른 활동도 할 수 있어요

★ **구름빵 먹고 날아가고 싶은 곳 말하기**

빵을 구울 여건이 안 된다면 빵집에서 빵을 사서 나눠 먹으며 마주 이야기를 해 보세요. 구름빵을 먹고 날아다니게 된다면 어디에 가고 싶은지……. 상상의 나라에서는 아주 먼 곳, 우주까지 어디든 날아갈 수 있으니까요.

5 두부 과자 만들기

> **아이가 이럴 때 활동하면 좋아요**
> • 요리에 흥미를 가질 때
> • 글자에 대한 흥미와 관심이 생길 때

 어떤 책을 이용할까요?

《과자 ㄱㄴㄷ》 (박상철 글 | 윤정주 그림 | 여우고개)

친구들이 과자를 만들기 위해 모였네요. 토끼, 고양이, 곰, 강아지가 모여 조몰락조몰락 과자를 만듭니다. 'ㄱ'을 닮은 기차 과자, 'ㄴ'을 닮은 눈사람 과자, 'ㄷ'을 닮은 달팽이 과자, 이렇게 밀가루 반죽을 당기고 주무르고 누르고 과자를 만들며 한글을 배우는 재미있는 시간이네요. 글자를 빨리 가르치고 싶은 엄마와 공부를 지루해하는 아이 모두에게 유익하고 재미있는 책입니다.

 이 활동을 하면 무엇이 좋을까요?

아이가 좋아하는 맛있는 과자를 함께 만들며 글자에 대한 흥미를 갖게 할 수 있습니다. 어린아이들이 글자를 익히기 적당한 시기는 언제일까요? 무리하지 않고, 아이의 발달 단계에 따른 차이를 고려한다면 글자를 일찍 배우는 것은 나쁘지 않습니다. 억지로 시키는 학습이 아니라 말이 글자가 되고 이야기가 된다는 것을 알게 되면 아이들은 흥미진진한 글자의 세계로 즐겁게 다가갈 수 있습니다.

과자로 글자 만들기 놀이는 아이도 만족스럽고 공부도 되어서, 자기주도 학습이 저절로 된답니다. 자기 손으로 만들며 놀 수도 있고 먹을 수도 있으니 그 시간은 온전히 아이가 주인공입니다. 다른 어떤 놀이보다 달콤하고 재미난 모양의 과자를 만드는 동안 아이가 느끼는 행복은 기대 이상입니다. 시중에서 파는 과자를 가지고 글자 놀이를 해도 좋습니다. 어떤 글자를 만들까, 얼마나 크게 할까, 누구 이름부터 쓸까 등의 결정들을 혼자서 하게 되니까요.

같은 활동을 위한 추천 그림책

《행복한 ㄱㄴㄷ》 (최숙희 지음 | 웅진주니어)

많은 사람들이 좋아하는 최숙희 작가의 말과 글자 배우기 그림책입니다. 행복한 주인공의 모습을 이야기와 그림으로 표현하고 있어요. 그림이 따뜻한 느낌을 주기 때문에 아이들이 좋아합니다.

《개구쟁이 ㄱㄴㄷ》 (이억배 지음 | 사계절)

《손 큰 할머니의 만두 만들기》를 그린 이억배의 익살스러운 그림과, ㄱ에서 ㅎ까지 한글 첫소리 14자에 맞추어 쓴 간결한 글이 잘 어우러진 책입니다. 보통 글자 그림책은 이야기가 짧게 끝나는데, 이 책은 새로운 상상을 해 보도록 여운을 남깁니다. 또 전통으로 내려오는 이야기를 소재로 삼고 있어 우리글과 더 잘 어울리는 느낌이 듭니다.

이렇게 진행해 보세요

1 책을 함께 읽으며 어떤 글자 과자를 만들까 이야기합니다.

2 두부 200그램, 밀가루 250그램, 달걀 1개, 베이킹파우더 약간, 소금 약간, 설탕 80그램, 포도씨유 3큰술 등을 준비합니다.

3 모두 섞어 반죽한 다음, 반죽을 밀개로 밀어 얇게 폅니다.

4 자음과 모음, 영어 알파벳 모양으로 반죽을 잘라 냅니다.

5 180도로 예열한 오븐에서 10분 정도 구워 냅니다.

6 다양한 과자로 단어를 만들면서 먹습니다.

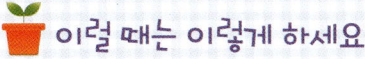 이럴 때는 이렇게 하세요

소금과 설탕은 아이의 입맛에 따라 가감하세요. 두부는 자체에 간수가 들어 있어 구우면 고소한 맛이 납니다.

Q 과자를 글자 모양으로 잘 만드는 방법은 무엇일까요?
A 시중에 나와 있는 블록을 깨끗이 씻은 다음 찍기 도구로 이용해 보세요.

Q 과자의 글자가 꺾인 부분이 잘 끊어지는데 어떻게 해야 하나요?
A 되도록 짧은 막대 모양을 많이 만들어 블록처럼 글자를 만들면서 놀게 해 주세요. 완성된 글자를 만들지 않아도 됩니다.

다른 활동도 할 수 있어요

★ 과자로 글자 만들기 놀이

과자를 직접 구우려면 준비를 많이 해야 합니다. 대신에 좋아하는 과자로 좋아하는 글자를 만들어서 먹는다면 어떤 기분일까요? 시중에 파는 과자나 사탕은 제각각 모양이 있습니다. 네모난 건빵과 길쭉한 새우깡, 동그란 양파링 같은 과자로 글자를 만들어 보세요. '사랑해'를 만들며 사랑은 어떤 맛일까 아이와 이야기해 보세요. 정말 즐거워합니다.

Ⅶ 선물 만들며 놀기

내 것을 잘 주려고 하지 않는 어린아이들에게 선물의 즐거움을 알려 주는 일은 참 어렵습니다. 받는 것도 즐겁지만, 주었을 때 가슴에 차오르는 그 뿌듯함을 엄마는 가르치고 싶은데 말이죠. 그럴 때는 아이와 함께 선물을 준비하는 것이 가장 좋습니다. 함께 선물을 준비하며 엄마는 아이에게 말해 줍니다. 이건 누구에게 줄 것이고, 주는 이유는 무엇인지, 무엇을 어떻게 준비해서 어떻게 포장할 것인지 말해 줍니다. 아이는 이야기를 듣고 준비하는 과정에서 마음이 설렙니다. 작은 얼굴에 근심을 드러내며 "엄마, 그 사람이 이걸 싫어하면 어떡해?" 하고 묻기도 합니다. 그 물음에 "어떤 선물이든 마음이 담겨 있으면 받는 사람이 좋아하고 소중하게 생각한단다."라고 말해 주면 좋겠지요. 준비하는 과정의 설렘은 선물을 주는 순간 최고의 행복으로 다가옵니다. 아이는 받는 사람의 표정을 보며 뿌듯해합니다.

《사랑에 빠진 개구리》는 모습이나 환경이 달라도 서로 마음이 통할 수 있다는 이야기를 담고 있습니다. 그러기 위해서 진실한 마음이 담긴 편지를 선물로 줄 수 있겠지요. 《도서관》에서는 책을 좋아하는 사람이라면 한 번쯤 꿈꾸는 일이 눈앞에 펼쳐집니다. 잠잘 때를 빼고는 늘 책을 손에 들고 다니던 주인공 여자아이가 자

라 책으로 가득 찬 집을 도서관으로 만든다는 이야기입니다. 책을 읽고 나면 집이 책으로 가득한 나만의 도서관을 하나 만들고 싶다는 생각을 하게 됩니다. 나만의 책이라고 표현할 수 있는 책도장은 아이들에게 '작은 도서관'의 꿈을 키워 줄 수 있습니다. 《오소리네 집 꽃밭》은 우리 곁에 있는 작고 오래되고 익숙한 것들이 얼마나 소중한지 말해 줍니다. 평범하고 늘 곁에 있는 것의 소중함을 깨닫는 순간, 그 소중함을 담는 예쁜 손수건을 만들 수 있다는 것을 배우게 됩니다.

유아기에는 무엇이든 손으로 만지고 살피면서 여러 가지 모양이나 입체감, 그리고 부분과 전체를 이해하고 섬세한 감각도 익히게 됩니다. 자기 손으로 직접 만드는 것이 좋다고 해서 무작정 아이 혼자 하게 내버려 두지 말고, 부모님이 함께 다양한 시도를 해 보아야 합니다. 가위나 칼 같은 위험한 도구를 처음 사용할 때는 엄마가 옆에 있기만 해도 마음이 안정되고 할 수 있다는 자신감을 가집니다. 어설프더라도 힘들여 만든 선물을 받은 상대방이 기뻐하는 모습을 보면 아이들은 해맑게 웃는답니다.

① 친구를 위한 조커

아이가 이럴 때 활동하면 좋아요
- 친구랑 친해지고 싶을 때
- 친구에게 생일 선물을 주고 싶을 때

 어떤 책을 이용할까요?

《사랑에 빠진 개구리》 (맥스 벨트하우스 지음 | 마루벌)

숲 속 마을에 하양 오리를 사랑하는 초록 개구리가 있습니다. 개구리는 마음이 슬프기도 하고 행복하기도 하고 가슴이 콩콩 뛰기도 합니다. 오리를 사랑하기 때문이지요. 개구리가 하늘 높이 뛰어오르기를 연습하다가 다쳤을 때, 오리는 자신도 개구리를 좋아한다고 말하며 옆에서 간호해 줍니다. 개구리와 오리는 서로 다르지만 사랑한다는 것을 알게 되어 행복한 시간을 보낸다는 이야기입니다.

 이 활동을 하면 무엇이 좋을까요?

유치원에 다니는 아이가 같은 반 친구를 좋아한다고 엄마에게 자랑할 때가 있습니다. 누군가를 좋아하고 함께 놀고 싶은 감정은 아이들도 다르지 않지요. 그런 감정을 잘 표현하는 것도 아이의 정서 발달에 매우 중요한 경험이 됩니다. 말로 표현하기 어려운 감정을 전하고 싶을 때 그 친구에게 줄 조커 만들기를 통해 자기감정을 표현하도록 도와주세요.

상대방에게 도움이 될 행동을 약속하는 카드인 조커는 그냥 카드나 편지와는 조금 다르고 게임 같은 느낌도 있어서, 카드 만들기나 편지 쓰기보다 아이들이 더 흥미를 느낍니다. 받을 사람의 입장이 되어 무엇을 좋아할지 고민하는 시간이 진짜 중요합니다. 상대를 배려하는 것을 배우고, 자기 생각을 글로 표현하는 연습도 됩니다. 조커는 지켜야 하는 부담이 생기는 소중한 약속입니다. 그래서 지킬 수 있는지 한 번 더 생각하게 되고, 말을 하거나 글을 쓸 때 좀 더 신중한 태도를 갖게 합니다.

같은 활동을 위한 추천 그림책

《사랑하는 친구에게》 (톰 퍼시벌 지음 | 키즈엠)
단짝 친구인 헤르만과 헨리는 언제 어디서나, 무엇을 하든 함께였어요. 그런데 헨리가 먼 도시로 떠나게 되었어요. 둘은 멀리 떨어져 있어도 자주 편지를 하며 영원히 가장 친한 친구로 지내자고 약속했지요. 오해가 생겨 힘들어하지만 서로의 마음을 전하는 편지로 우정을 다시 찾게 됩니다.

《친구는 좋아!》 (크리스 라쉬카 지음 | 다산기획)
길에서 마주친 흑인 아이와 백인 아이가 친구가 되는 과정을 보여 주는 그림책이에요. 칼데콧 상 수상 작가인 크리스 라쉬카가 우정의 본질을 30여 단어만으로 표현하고 있어요. 친구에게는 마음을 여는 것이 중요하다는 것을 잘 보여 줍니다.

이렇게 진행해 보세요

1 카드로 쓸 두꺼운 종이와 담을 봉투, 쓸 것을 준비합니다.

2 두꺼운 종이를 카드 크기에 맞게 자릅니다.

3 무슨 내용을 어떻게 쓸까 생각해 봅니다.

4 예쁘고 정성스럽게 카드를 채웁니다.

5 카드를 넣을 포장지를 만듭니다.

6 엄마를 위한 카드도 함께 만들어 봅니다.

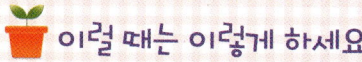 **이럴 때는 이렇게 하세요**

조커는 누군가에게 즐거움을 줄 수 있는 이야기가 담긴 선물 카드입니다. 어떤 책은 조커가 부록으로 들어 있기도 합니다.

Q 조커 카드가 낯설어서 내용 채우기를 힘들어할 때는 어떻게 할까요?

A 친구에게 어떤 도움을 줄지 생각하는 것도 상대를 배려하는 연습이니 귀한 경험이 됩니다. 친구가 어떤 선물을 받으면 좋아할지 이야기를 나눠 보세요. 또 반대로 '나'라면 어떤 조커를 받았을 때 가장 기쁠까 이야기해 보세요. 예를 들어 '집에 초대하기', '그림책 읽어 주기', '하루 동안 좋아하는 장난감 먼저 갖고 놀게 하기'처럼 구체적이고 쉽게 실천할 수 있는 것을 조커에 적어 보세요.

Q 조커 카드의 내용을 지키지 않을 때의 벌칙도 정해야 하나요?

A 조커를 줄 때는 약속을 꼭 지켜야 합니다. 혹시 나중에 마음이 바뀌거나 귀찮아져서 약속을 지키지 않을 때를 대비해 간단한 벌칙을 정해도 좋지만, 강제로 뭔가를 할 필요는 없는 것 같습니다.

다른 활동도 할 수 있어요

★ **개구리와 오리 모습 그리기**

요즘은 유치원이나 놀이터에서 어렵지 않게 다문화 가정의 아이들을 만나게 됩니다. 서로 너무나 다른 개구리와 오리의 모습을 그리면서, 생긴 것도 다르고 살아가는 환경도 다른 세계 여러 나라 어린이들과 친구가 되려면 어떻게 해야 할까 등에 관해 이야기를 나눌 수 있습니다.

② 나만의 책도장

> **아이가 이럴 때 활동하면 좋아요**
> ● 책 읽기를 좋아하는 친구에게 선물할 때
> ● 좋아하는 책에 나만의 표시를 하고 싶을 때

 어떤 책을 이용할까요?

《도서관》 (사라 스튜어트 글 | 데이비드 스몰 그림 | 시공주니어)

주인공 엘리자베스는 책 읽기를 무척 좋아합니다. 친구들이 인형 놀이를 할 때나 남자 친구를 만나러 갈 때도 책에 빠져 있었지요. 어른이 되어 청소하거나 시장 갈 때도 책을 들고 다닙니다. 그러다 보니 집에 책이 쌓여 갔고, 더 이상 책을 둘 곳이 없게 되었죠. 결국 엘리자베스는 책과 함께 자신의 집을 마을 사람들에게 기증하고, 엘리자베스의 집은 마을 도서관이 되었답니다. 읽는 이의 마음속에 자기만의 작은 도서관 하나를 품게 하는 책이지요.

 이 활동을 하면 무엇이 좋을까요?

아이들은 책 읽기를 좋아하는 엘리자베스의 집이 도서관이 되는 것을 보면서 무척 흐뭇해합니다. 개인 도서관이 만들어지는 과정을 보며 나만의 책이라는 느낌을 가지게 됩니다. 독특한 책도장을 만들어 책에 찍으며 아이는 큰 만족감을 느끼게 됩니다. 자기 것을 갖고 싶어 하는 아이에게 '책도장'은 책을 좋아하게 되는 동기가 되어 줍니다.

요즘은 어른들도 일상생활에서 도장을 자주 사용하지 않으니, 아이들에게 도장은 정말 신기한 물건입니다. 자기 이름이 새겨진다면 더 놀랍겠지요. 비록 고무지우개로 만든 엉성한 책도장이어도 자기만의 어떤 기호와 상징이 되는 신비한 힘이 있습니다. 어린아이들도 뿌듯한 감동을 느끼며, 그 도장이 찍힌 자기 책을 무한히 사랑합니다. 책도장은 책뿐 아니라 공책이나 손수건 같은 데에도 내 물건이라고 표시할 수 있습니다. 옷감에는 아크릴 물감을 묻혀 찍으면 빨래를 해도 지워지지 않고 오래 간직할 수 있어요.

같은 활동을 위한 추천 그림책

《하양 까망》 (류재수 지음 | 보림)
아기에게 다양하고 풍부한 시각적 경험을 선사하는 그림책입니다. 흑백으로 되어 있어 명암을 잘 보여 주는 그림들이 들어 있습니다. 그림이 어렵지 않아 아이들이 손쉽게 따라 그릴 수 있습니다.

《으뜸 헤엄이》 (레오 리오니 지음 | 마루벌)
으뜸 헤엄이로 물고기 모양 책도장을 만들어 스탬프로 찍거나, 작가가 한 것처럼 다양한 소재를 사용해 찍기 놀이를 할 수 있어요. 앞에서 활동한 '과자로 그림 그리기'와는 다른 재미를 느낄 수 있어요.

이렇게 진행해 보세요

1 조각하기 좋은 지우개, 조각칼, 잉크 등을 준비합니다.

2 책을 읽으며 자신이 가지고 있는 책을 표시할 방법을 생각해 봅니다.

3 도화지에 밑그림을 그립니다. 투명한 기름 종이 등에 그리면 나중에 지우개에 붙여서 조각할 수 있습니다.

4 지우개에 그림을 옮겨 놓아요.(글씨는 좌우가 반대로 되도록 해야 합니다.)

5 조각칼을 이용해 모양을 파냅니다.

6 만들어진 도장에 잉크를 묻혀서 종이에 찍어 봅니다.

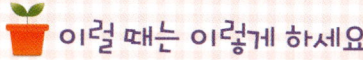 이럴 때는 이렇게 하세요

칼 사용법을 잘 설명해 주어야 합니다. 초등학교 저학년 정도면 혼자서 할 수 있지만 손을 베기 쉬우니, 조각칼을 사용하면 좀 더 섬세하고 안전합니다. 아직 조각칼 사용이 서툰 아이들은 이름에 들어간 자음 한 개 정도로 나이에 맞는 적절한 그림을 선택하게 합니다.

Q 꼭 지우개를 사용해야 하나요?

A 오래 보관하고 잉크를 머금기에는 지우개가 좋아요. 한 번만 이용할 거라면 감자나 당근을 이용해도 되지만, 끈적거리지 않도록 주의해 주세요.

Q 잉크를 사용해야 하나요?

A 스탬프를 사용해도 됩니다. 또 사인펜을 이용해서 색을 도장에 입혀서 찍어도 됩니다.

Q 조각칼을 이용하지 못하는 경우는 어떻게 해야 하나요?

A 어른이 지우개를 작고 얇게 잘라 주세요. 이 조각들을 큰 지우개나 나뭇조각에 붙여서 도장의 무늬를 만들 수 있습니다.

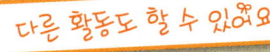 다른 활동도 할 수 있어요

★ **주인공 따라 하기**

책이 정말 재미있을 때 '손에서 책을 놓을 수가 없다'거나 '눈을 뗄 수 없다'고 합니다. 정말 그럴 수 있을까요? 아이와 함께 장난처럼 주인공 따라 하기를 해 보세요. 책 내용도 꼼꼼히 다시 보게 되고 재미있는 놀이도 할 수 있습니다.

3 풀잎 무늬 손수건

> **아이가 이럴 때 활동하면 좋아요**
> • 들로 나들이 갈 때
> • 아이에게 들꽃에 대해 알려 줄 때

 어떤 책을 이용할까요?

《오소리네 집 꽃밭》 (권정생 글 | 정승각 그림 | 길벗어린이)

오소리 아주머니는 학교 꽃밭을 보고 집으로 돌아와 남편을 졸라 예쁜 꽃밭을 만들기로 합니다. 여기저기 꽃밭 만들 곳을 찾던 아주머니는 들판에 가득 핀 패랭이꽃, 용담꽃, 잔대꽃을 보며 이미 주위가 온통 아름다운 꽃밭이라는 것을 발견하게 되지요. 오소리 아주머니는 평소에 무심히 지나쳤던 작은 들꽃이 얼마나 예쁘고 소중한지 깨닫고 꽃밭 만들기를 그만두었답니다. 우리 아이들에겐 오히려 낯설기까지 한 우리 꽃의 수수한 이름과 모양이 정답게 느껴지는 책입니다.

 이 활동을 하면 무엇이 좋을까요?

아파트 주거 문화에 익숙한 아이들은 집 안 마당에 있는 꽃밭을 상상하기 어렵지만, 놀이터 주변이나 등하교 길에서도 조금만 주의 깊게 살펴보면 들꽃을 만날 수 있습니다.

여건이 되면 들판 가득 피어 있는 들꽃을 만나러 가 보세요. 그리고 들꽃의 이름도 알려 주고 예쁜 손수건도 만들어 보세요. 조금만 눈을 돌려 찬찬히 살펴보면 우리 주변엔 계절마다 서로 다른 꽃과 나무가 있고 그 사이 사이 작은 풀들도 있습니다. 민들레나 쑥 이파리를 뜯어 손수건에 예쁜 무늬를 만들어 보세요. 풀에서 초록 물감이 나오는 신기한 염색 놀이를 할 수 있습니다. 공장에서 만든 물감이 없던 시절에도 사람들은 예쁘게 물들인 옷을 입고 도자기에 그림도 그렸습니다. 모두가 주변에 있는 식물이나 광물에서 얻은 재료들이었지요. 아이들하고 풀이나 꽃으로 염색을 해 보면 눈에 보이는 색과 또 손에 묻는 색, 그리고 옷감에 들여지는 색이 서로 다른 걸 발견하게 됩니다. 진짜 신기하지요. 노란 메리골드에서 올리브색이 얻어지고, 초록빛 풋감에서 갈색이 나오리라고 어떻게 상상할 수 있을까요? 이런 활동을 하고 나면 하찮게 여겼던 풀잎 하나도 보는 눈이 달라지는 것을 알 수 있습니다.

같은 활동을 위한 추천 그림책

《꽃이 핀다》 (백지혜 지음 | 보림)
분홍 진달래가 피고, 노란 개나리가 피고, 연분홍 벚꽃이 피는 봄의 풍경을 그림으로 담았습니다. 우리 고유의 색에 대한 작가의 관심이 잘 드러난 작품으로, 우리 산과 들에서 자라는 꽃과 열매를 전통 채색화 기법으로 섬세하게 표현하고 있어서 꽃 염색의 느낌을 잘 전달해 줍니다.

《사유미네 포도》 (미노시마 사유미 지음 | 후쿠다 이와오 그림 | 현암사)
그림책의 글을 쓴 작가가 네 살 아이예요. 엄마와 함께 따 먹으려고 기다리는 동안 강 건너에서 날아온 새들이, 생쥐들이, 다람쥐가, 커다란 곰이 맛있게 익은 포도를 '꿀꺽' 먹어 버려요. 결국 포도를 못 먹고 내년을 기다려야 하는 안타까움이 진솔하게 그려졌어요. 아이들과 함께 그림책을 읽고 나서, 포도를 주물러 즙을 만든 다음 하얀색 수건에 보라색 물을 들이는 놀이를 할 수 있어요.

이렇게 진행해 보세요

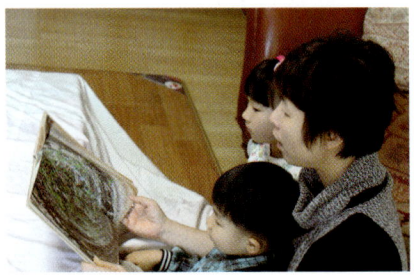

1 함께 책을 읽으며 어떤 꽃을 물들일까 이야기를 나누어요.

2 흰색 면 손수건, 숟가락, 꽃잎을 준비합니다.

3 숲에서 꽃이나 풀잎을 땁니다.

4 손수건에 물들이고 싶은 곳에 풀잎을 놓아요.

5 수건을 반으로 접은 다음 풀에서 물이 나올 때까지 숟가락으로 톡톡 두드려 주세요.

6 풀잎 무늬 손수건이 완성됩니다.

🌱 이럴 때는 이렇게 하세요

민들레나 쑥이 쉽게 두드려지고 모양도 예쁘게 나옵니다. 손수건은 면이 고르고 단단한 것이 무늬가 뭉개지지 않아요. 숟가락으로 두드려도 되고, 고무망치가 있으면 더 쉽게 할 수 있습니다. 표면이 매끄럽고 딱딱한 책상이나 돌 위가 적당합니다. 꽃이 많이 으깨지지 않고 풀잎의 결이 보이도록 살살 두드리는 게 중요합니다.

Q 포도로 물을 잘 들이려면 어떻게 하나요?

A 포도 껍질을 잘 주물러서 즙이 잘 나오게 해 주세요. 손수건을 백반 물에 담갔다가 꺼내고 다시 포도 껍질 물에 담갔다가 헹구는 과정을 여러 번 반복해야 색이 다시 빠지지 않아요.

Q 쉽게 물들일 수 있는 식물에는 어떤 것들이 있을까요?

A 여름철에는 풋감으로 물들이기를 해 보세요. 예쁜 갈색을 얻을 수 있습니다. 메리골드를 삶아 염색하면 올리브색으로 염색할 수 있습니다. 염색이 잘되도록 돕는 물질로는 시중에서 쉽게 구할 수 있는 백반을 이용하면 됩니다.

다른 활동도 할 수 있어요

★ **양파 껍질 모아 염색하기**

양파 껍질을 모았다가 삶아서 염색을 하면 정말 예쁜 노란색으로 물듭니다. 양파 껍질 까기부터 아이와 함께 해 보세요. 양파는 껍질을 깔 때는 눈이 따갑고 맵지만 익히면 단맛이 납니다. 염색을 하면 노란색이 되는 것도 무척 신기해하지요.

4 한지 필통

아이가 이럴 때 활동하면 좋아요
- 종이를 가지고 놀기를 좋아할 때
- 유치원이나 학교 입학 선물이 필요할 때

 어떤 책을 이용할까요?

《한지돌이》 (이종철 글 | 이춘길 그림 | 보림)

우리 조상들의 지혜롭고 과학적인 전통 유산 가운데 한지의 특별함에 관해 알려 주는 책입니다. 보통 한지라고 부르는 닥종이는 천 년이 지나도 변치 않는 뛰어난 종이입니다. 아이들 눈높이에 맞춰 한지를 자세히 소개하는데, 우리 생활에서 자주 쓰였던 반짇고리, 연, 부채, 문에 바르는 창호지 등 여러 한지를 만날 수 있습니다. 책 뒤에 붙어 있는 다양한 한지 견본들을 직접 만져 보고 질감을 알아보는 것도 재미있습니다.

 이 활동을 하면 무엇이 좋을까요?

종이를 나무로 만든다는 것은 알지만, 실제로는 어떻게 나무가 종이가 되는지 잘 모르지요. 그 과정을 보고 싶다면 전주한지박물관에 가 보세요. 우리의 인쇄 문화까지 관심이 넓어졌다면 청주인쇄박물관이나 해인사에 가 보는 것도 좋습니다. 과학과 역사를 아우르는 체험 교육이 될 수 있습니다. 한지를 손으로 만져 보고 또 찢어 보면 일반 종이와 어떤 점이 다른지 알 수 있습니다. 또 색색의 한지를 겹겹이 풀로 붙이면 서로 어울려 깊고 그윽한 색이 되고 아주 튼튼한 도구가 된다는 것도 알 수 있습니다. 우리 조상들이 한지로 생활용품을 만들고 가구나 옷도 만들었다는 것을 말로만 해서는 믿어지지 않지만, 실제로 만들어 보면 정말 그랬구나 하고 감탄이 절로 나오지요. 책으로 읽고 알게 되는 것과 실제 자기 손으로 만져 보고 배운 것은 큰 차이가 있습니다. 한지는 쉽게 구할 수 있고 여러 가지로 응용해서 만들기나 글쓰기도 할 수 있기 때문에, 전통 과학에 대한 지식을 쌓고 색다른 활동도 할 수 있는 참 고마운 전통 유산입니다.

같은 활동을 위한 추천 그림책

《팥죽 할멈과 호랑이》 (박윤규 지음 | 백희나 그림 | 시공주니어)
우리나라의 대표적인 옛이야기인 '팥죽 할멈과 호랑이' 이야기를 충실히 살렸어요. 한지로 할머니와 호랑이 등의 인형을 만들고, 한국적인 정서와 멋을 살린 한국화를 바탕으로 그림을 그렸어요. 잘 알고 있는 이야기지만 한지를 통하니 느낌이 새롭습니다. 한지로 인형을 직접 만들어 보면 더욱 좋을 것 같아요.

《한밤의 선물》 (홍순미 지음 | 봄봄)
한국 전통 색상인 오방색으로 새벽, 아침, 한낮, 저녁, 한밤을 표현했어요. 또 한지를 오리고 찢고 붙여서 독특한 질감을 느끼게 해 줍니다. 빛과 어둠을 다섯 아이들로 표현하여 서로 선물을 주고받는 이야기를 담고 있어요. 우리 전통 색과 종이를 이용해서, 시간에 따라 변하는 자연의 모습을 아름답게 표현했습니다.

이렇게 진행해 보세요

1 우유팩, 목공 풀, 한지를 준비합니다.

2 한지는 원하는 크기로 찢습니다.

3 우유팩에 바탕이 되는 한지를 붙입니다.

4 모양을 내는 한지를 덧붙입니다.

5 위와 아래, 빈 곳을 찾아 마무리합니다.

6 한지 공예 작품이 완성됩니다.

이럴 때는 이렇게 하세요

한지는 연한 색부터 진한 색까지 다양하게 쓰는 게 좋습니다. 여러 겹 붙이면 필통이 튼튼해져 오래 쓸 수 있습니다. 우유팩에 칼집을 넣을 때 조심하세요. 저학년은 어른이 해 주셔야 합니다.

Q 한지를 덧붙이려고 목공 풀을 바르려고 하니 붙어 있는 한지가 떨어지는데 어떻게 해야 할까요?

A 목공 풀은 마르면 투명해지기 때문에, 떨어지려는 한지는 그냥 겉에서 풀을 발라 붙여 주세요.

Q 아이들 손에 목공 풀이 잘 붙는데 좋은 방법은 없을까요?

A 목공 풀은 마르면 잘 떨어집니다. 계속 씻지 말고, 다 붙인 후 한 번에 씻도록 합니다. 페인트용 붓 작은 것을 준비해서 발라도 좋습니다.

 **다른 활동도 할 수 있어요**

★ **한지 관련 박물관 견학**

우리나라의 한지는 세계적으로도 우수성이 널리 알려진, 정말 훌륭한 전통 유산입니다. 아이와 함께 종이를 만들어 보고, 직접 만든 종이에 글도 써 볼 수 있는 박물관이나 체험 학습장이 지역마다 있으니 적절한 곳을 찾아보세요.
괴산한지박물관은 1박 2일 체험 프로그램을 운영하고 있고, 전주한지박물관에서는 목판 인쇄 체험도 할 수 있습니다. 원주한지테마파크에서는 공예품을 만들 수 있는 다양한 체험 프로그램이 준비되어 있습니다.

5 할머니를 위한 부채

> **아이가 이럴 때 활동하면 좋아요**
> • 할머니 댁에 놀러 갈 때
> • 여름에 덥다고 할 때

 어떤 책을 이용할까요?

《할머니 집 가는 길》 (마거릿 와이즈 브라운 글 | 하야시 아키코 그림 | 북뱅크)

아이는 할머니 집으로 오라는 전화를 받고 처음으로 혼자 할머니 집으로 갑니다. 가는 길가에서 꽃을 만나고 나비를 만나고 언덕을 만나며 조심조심 찾아갑니다. 그러나 할머니 집 가는 길은 낯설고 두렵습니다. 드디어 할머니 집 근처에 도착했지만, 마구간에 있는 말을 보고 화들짝 놀라고 큰 개를 보고 무서워합니다. 모든 역경을 딛고 아이는 혼자 힘으로 할머니 집에 도착합니다.

 이 활동을 하면 무엇이 좋을까요?

아이들에게는 할머니가 집에 오시거나 할머니 집에 가는 일은 무척 신나는 일입니다. 할머니와 할아버지에게서 엄마나 아빠에게 받는 것과는 조금 다른 느낌의 지지와 사랑을 받기 때문입니다. 이제까지 할머니와 할아버지께 늘 사랑을 받기만 했다면, 이번에는 이야기 속 주인공처럼 직접 만든 작은 선물을 할머니와 할아버지께 드리게 해 보세요.

부채는 특별한 의미가 있습니다. "단오 선물은 부채요, 동지 선물은 달력이라" 하는 우리나라 속담처럼, 단오가 가까워 오면 여름철이라 하여 궁중에서 왕이 신하들에게 부채를 하사하는 풍습이 있었습니다. 아이가 만든 부채를 어른들에게 드리는 마음도, 여름이 다가오니 시원하게 잘 지내시라는 사랑의 마음이 들어가 있어야 합니다. 화려하고 값비싼 선물보다 사랑이 담긴 소박한 부채 하나가 할머니 할아버지의 마음을 더 기쁘게 할 수 있습니다. 부채에 그림을 그리고 꾸미기를 하는 시간 동안 받을 사람이 기뻐하는 모습을 상상하며 만들어 보세요. 진정한 선물의 의미를 다시 생각하게 됩니다.

같은 활동을 위한 추천 그림책

《하지만하지만 할머니》 (사노 요코 지음 | 사파리)
나이가 많은 할머니가 고양이와 함께 살고 있어요. 고양이가 놀자고 하면 할머니는 항상 "하지만 나는 아흔여덟인걸"이라고 말합니다. 할머니는 생일을 맞게 되자 고양이에게 초 아흔아홉 개를 사 오라고 합니다. 그런데 돌아오는 길에 물에 빠지는 바람에 초 다섯 개만 남아요. 할머니는 그때부터 다섯 살처럼 신나게 살아갑니다. 할머니에게 드리는 선물의 의미를 생각하게 합니다.

《내가 돌봐 드릴래요 우리 할머니》 (진 리간 지음 | 리 윌디시 그림 | 씨드북)
부모가 일이 생겨서 할머니와 함께 보내게 된 여자아이 아니가 자신의 입장에서 하루의 일을 이야기합니다. 할머니가 돌봐 주시는 것 같은데 아니는 오히려 자기가 돌보고 있다고 설명하고 있어서 흥미롭습니다. 그래서 할머니를 사랑하는 아이의 마음이 더 느껴집니다. 할머니가 엄마에게, 또 엄마가 아이에게 하듯이 아이도 할머니를 위한 마음의 선물이 무엇일지 생각하게 합니다.

이렇게 진행해 보세요

1 그림 없는 부채와 아이가 찍힌 사진, 색연필, 풀을 준비합니다.

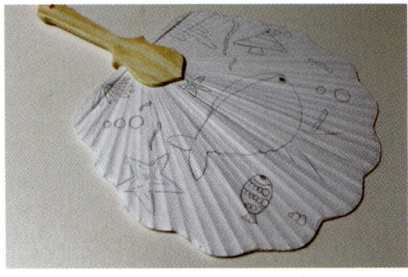

2 부채에 연필로 밑그림을 그립니다.

3 부채에 붙일 사진을 알맞게 자릅니다.

4 잘라낸 사진을 부채에 붙이고, 바탕을 칠합니다.

5 남은 부분을 꼼꼼하게 칠합니다.

6 사진과 잘 어울리는 부채가 만들어집니다.

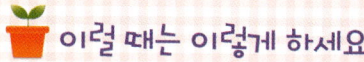 **이럴 때는 이렇게 하세요**

만들다 보면 예쁘게 되지 않았다고 아이들의 감정이 상할 경우도 있습니다. 할머니나 할아버지는 예쁜 선물보다 선물을 하려는 아이의 마음에 더 행복해하신다는 것을 이야기해 주세요.

Q 그림 없는 부채는 어디서 구하나요?
A 인사동이나 미술 용품점에서 판매하고, 인터넷에서 검색하면 쉽게 찾을 수 있습니다.

Q 아이가 밑그림을 그리기 힘들어해요.
A 그림책을 놓고 따라 그리게 하거나, 좋아하는 그림을 한두 개만 그리도록 해 보세요.

다른 활동도 할 수 있어요

★ **공원이나 길에서 산책하다가 만나는 꽃이나 풀의 이름 알아보기**

할머니 집 가는 길에 만날 수 있는 꽃이나 풀들을 주변에서 찾아보세요. 무심히 봐 오던 들풀과 들꽃이 주변에 많이 있음을 알 수 있어요. 우리 주변에는 미처 생각지도 못한 다양한 식물들이 살고 있음을 알게 됩니다.

 책만 있으면 할 수 있는 놀이

사랑을 확인하는 것은 모든 사람들의 기본적인 마음입니다. 아이들 역시 그렇지요. 문득문득 "엄마는 나를 사랑해?" 하고 무심히 묻습니다. 그때마다 엄마는 아주 당연하다는 듯, "그럼~" 하고 말해 줍니다. 하늘만큼 땅만큼 사랑한다는 말을 들어야 아이는 비로소 안도하고 다시 자신의 놀이에 집중합니다. 아이들은 궁금해합니다. '지금 받는 사랑을 더 커서도 받을 수 있을까?' '말썽을 피워도 엄마는 나를 사랑할까?' '잘못을 해도 엄마는 나를 용서할까?' 등 아이의 마음 한편에는 지금 받는 사랑에 대한 기대와 불안이 함께 있습니다.

《언제까지나 너를 사랑해》는 부모의 사랑이 어디까지이고 얼마만큼인지 알려주는, 진한 감동이 있는 책입니다. 아이들이 성장해 가는 동안 부모는 나이가 들어가고 아이와 부모의 생각은 조금씩 달라집니다. 그럼에도 부모가 자녀를 사랑하는 마음은 변하지 않는다는 이야기를 들려줍니다. 아이에게 읽어 주면 나이와 성별에 관계없이 부모의 사랑을 새삼 느끼게 되는 책입니다.

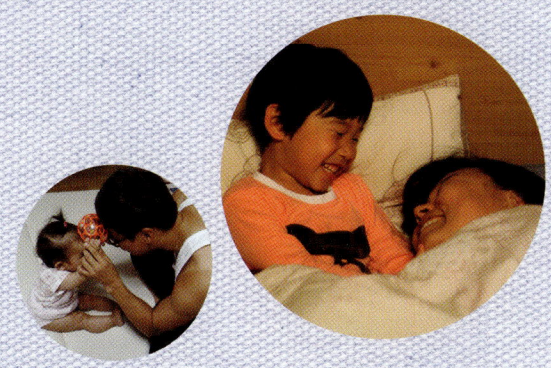

《나는 책이 싫어!》는 책을 왜 읽어야 하는지 직접적인 내용이 나오지는 않지만, 아이들이 책을 읽어야겠다는 생각을 하게 만듭니다. 책에는 다양한 이야기 속 주인공들이 튀어나오는데, 어느 이야기에서 나왔는지 모르죠. 아이들은 답답해하면서 주인공이 얼른 책을 집어 들어 이야기 읽기를 기다리게 됩니다.

《아카시아 파마》는 장난감이나 놀이터가 따로 없던 시절에도 얼마나 재밌게 놀았는지 잘 보여 줍니다. 아카시아 이파리 줄기만 있어도 신나는 미용실 놀이를 하는 장면은, 꼭 비싼 장난감이나 어른용 미용 기구가 없어도 재미난 놀이를 할 수 있다는 것을 알게 해 주지요. 실제로 아이와 함께 해 볼 수 있도록 자세히 설명한 부분이 있어서 독후활동에 아주 좋은 책입니다.

책을 읽고 뭔가 기억에 남는 놀이를 하고 나면 아이들은 다음에 또 책 읽는 시간을 기다리게 됩니다. 책 읽는 시간이 즐겁다는 생각이 자리 잡게 되면 글자가 많은 동화책이나 지식 책도 큰 거부감을 갖지 않게 됩니다.

1 표지 그림으로 책 제목 맞히기

아이가 이럴 때 활동하면 좋아요
- 글자 읽기를 부담스러워할 때
- 책 읽기를 숙제처럼 느낄 때

 어떤 책을 이용할까요?

《나는 책이 싫어!》 (맨주샤 퍼워기 글 | 린 프랜슨 그림 | 풀빛)

미나는 책 읽기를 싫어합니다. 미나가 읽지 않고 쌓아 두기만 했던 책들이 와르르 무너져 뒤죽박죽되면서 이야기의 주인공들이 책 밖으로 튀어나옵니다. 코끼리는 비싼 접시들을 날리며 묘기를 부리고, 식탁 밑에서는 늑대 한 마리가 자기가 '빨간 모자'에서 나왔는지 '아기 돼지 삼형제'에서 나왔는지 생각이 안 난다며 훌쩍거리고 있습니다. 주인공 미나가 책을 꼭 읽어야 할 상황이 된 거지요.

 이 활동을 하면 무엇이 좋을까요?

책은 왜 읽어야 하는지 묻는 아이들에게 이 책을 읽어 주면 좋아요. 미나가 한 권, 한 권 책을 읽을 때마다 동물들이 제자리로 돌아가고 정리되는 모습을 보며 아이들은 어렴풋이 책을 읽어야 하는 이유를 찾을 수 있습니다. 책마다 다른 등장인물과 흥미진진한 이야기가 있는 책의 세계를 발견하게 될 수 있습니다. 표지 그림만 보고 책 제목 맞히기는 심심해하는 아이들과 장난감 없을 때 하기 딱 좋은 놀이입니다.

한글을 잘 모르는 아이도 이전에 읽어 준 그림책이라면 제목을 쉽게 말할 수 있습니다. 책을 싫어하는 아이도 재미있는 표지 그림으로 제목을 상상해 보는 것을 좋아합니다. 누구나 정확한 답이 아니더라도 제목을 미루어 말할 수 있습니다. 읽지도 않은 책 제목을 잘 맞힌 아이는 놀이가 끝나면 그 책을 손에 들고 읽게 됩니다. 어른이나 아이나 누가 시키면 싫어하다가도 흥미를 느끼게 되면 진지해지고 열심히 합니다. 이 놀이를 통해 책에 눈을 뜨게 된다면 어느덧 책을 좋아하는 아이가 되어 있을 것입니다.

같은 활동을 위한 추천 그림책

《책이 꼼지락 꼼지락》 (김성범 글 | 이경국 그림 | 미래아이)
게임만 한다고 엄마한테 혼이 난 주인공 범이는 방 안에 있는 책을 보자 화가 납니다. 그래서 책을 내동댕이쳤는데, 글쎄 책이 오뚝하게 서는 거예요. 재미있는 생각이 떠올라서 방 안에 있는 책을 모두 쌓아 멋진 집을 만들었는데, 책 속에서 무엇인가 꿈틀꿈틀, 꼼지락꼼지락하는 거예요. 책 속 주인공을 만나는 상상으로 재미있게 노는 이야기를 담고 있습니다.

《두드려 보아요》 (안나 클라라 티돌름 지음 | 사계절)
처음 책을 펼치면 집에 난 문이 보입니다. 두드려 보라고 하네요. 두드리는 순간 문이 열려요. 이번에는 다른 색깔의 문이 기다려요. 문이 열리니 일곱 마리 토끼가 당근을 먹고 있네요. 이렇게 이 책은 이야기를 읽는 책이 아니라 아이가 이야기의 주인공이 되어 함께 노는 책입니다. 책을 다 읽은 후에 표지 그림으로 책 제목 맞히기를 이어 하면 아이가 적극적으로 답을 합니다.

이렇게 진행해 보세요

1 그림책 제목이 보이지 않게 포스트잇을 붙여 주세요.

2 그림의 느낌을 보며 제목을 이야기해 봅니다.

3 '짠~!' 과연 답변이 맞았는지 확인합니다.

4 정 모르겠으면 약간 훔쳐보게 해도 괜찮습니다.

5 확신이 들면 포스트잇을 떼어 냅니다.

6 답이 맞았으면 신나게 박수를 칩니다.

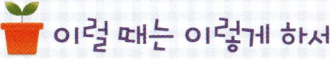 **이럴 때는 이렇게 하세요**

다 읽은 책을 한 아름 쌓아 놓고, 우선 책표지 전체를 종이로 가려 보세요. 제목이나 표지 그림이 조금씩 보이도록 종이를 살살 떼어 가면서 제목을 떠올려 보면 더 흥미진진하게 놀 수 있습니다.

Q 주로 어떤 책으로 활동을 해야 할까요?

A 아이가 최근에 읽은 책보다 읽은 지 조금 된 책으로 하는 것이 좋습니다. 또 도서관에서 아이가 빌려 온 책들을 가지고 해도 좋습니다. 정작 빌릴 때는 좋다고 빌렸지만 흥미가 떨어질 때 이 활동을 하면 책에 대한 흥미를 높일 수 있습니다.

Q 여러 명이 할 때는 어떻게 하면 좋을까요?

A 맞힐 때마다 선물을 주는 것도 좋고, 점수를 매기며 하는 것도 좋습니다. 제목을 맞힌 아이에게는 내용이 어떤 것일지 물어봐서 상상력을 높일 수 있으면 더욱 좋습니다.

다른 활동도 할 수 있어요

★ 등장인물 많은 책 찾기

책 읽기가 재미없어질 무렵 집에 있는 책을 모두 꺼내 놓고 이런 놀이를 해 보세요. 많은 사람이 등장하는 그림책에 나오는 사람 수를 세어 보기도 하고, 사람이 거의 없는 책에서 어디에 사람이 있나 찾아보는 것도 재미있습니다. 아무 페이지나 펼쳤을 때 등장인물이 많은 쪽이 이기는 놀이도 있습니다.

② 자장가 들려주기

아이가 이럴 때 활동하면 좋아요
- 어린 동생을 질투할 때
- 잠이 안 온다고 투정 부릴 때

 어떤 책을 이용할까요?

《언제까지나 너를 사랑해》 (로버트 먼치 글 | 안토니 루이스 그림 | 북뱅크)

'너를 사랑해 언제까지나 내가 살아 있는 한 너는 늘 나의 귀여운 아기.' 엄마가 아이를 재우면서 이 노래를 늘 들려줍니다. 나중에 어른이 된 아이는 엄마를 위해 이 노래를 부릅니다. 시간이 흘러 엄마는 돌아가시고, 그 아이는 아이를 낳았습니다. 아기를 낳아 팔에 안고 이 노래를 들려줍니다. 아이가 자는 모습이라도 보려고 버스를 타고 가는 엄마의 사랑을 뭐라 말로 표현할 수 있을까요. '언제까지나 너를 사랑해' 그 말이 대답이 됩니다.

 이 활동을 하면 무엇이 좋을까요?

아이가 어느 정도 컸을 때, 이 책을 보면서 아이의 어린 시절 이야기를 들려주면 멋쩍어하면서도 기뻐합니다. '나도 이렇게 사랑받고 있구나' 하는 느낌을 줍니다. 어린아이는 물론 사춘기에 접어든 자녀에게 읽어 주어도 될 좋은 책입니다. 특히 사랑을 독차지하던 아이에게 동생이 생긴 경우 질투하는 경우가 있습니다. 이 책을 함께 읽고 어린 동생에게 자장가를 불러 주게 하면, 아이는 자신도 동생도 모두 소중하다는 것을 느낄 수 있습니다. 언니나 오빠는 상황에 따라 어린 동생에게 또 다른 엄마처럼 행동하기도 하니까요. 이 책을 엄마가 읽어 주면서, 아이에게 하고 싶은 사랑의 말을 자연스럽게 맘껏 들려줄 수 있습니다. 모든 부모가 아이를 정말 가슴 깊이 사랑하지만 자연스럽게 표현할 수 있는 것은 아니지요. 그럴 때 이 그림책은 참 고마운 도우미가 됩니다.

같은 활동을 위한 추천 그림책

《새는 새는 나무 자고》 (전래동요 | 정순희 그림 | 창비)
우리 민족의 정서가 고스란히 담긴 자장노래를 풍성한 이미지와 함께 보여 주는 그림책입니다. 함께 보다 보면 어머니만이 전해 줄 수 있는 따뜻한 사랑과 정성이 느껴집니다. 미국 어린이들은 《북쪽 나라 자장가》를, 일본 어린이들은 《달님 안녕》을 본다고 해요. 모두 고유한 나라의 자장가가 있는 것이죠. 우리 정서에 맞는 자장노래 그림책입니다.

《자장자장 엄마 품에》 (임동권 글 | 류재수 그림 | 한림출판사)
사라져 가는 우리 옛 노래와 자장가가 실려 있습니다. 엄마가 아이에게 직접 노래하듯 구성되어 있고, 전래되는 자장가에 대하여 해설과 그림이 함께 실려 있습니다. 쉬운 멜로디가 반복되니 쉽게 따라 할 수 있어요.

 이렇게 진행해 보세요

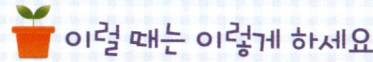 이럴 때는 이렇게 하세요

Q 너무 웃어서 자장가를 끝내지 못해요.

A 책을 읽기 전에 조명을 조금 어둡게 하고 차분한 분위기를 만들어 보세요.

Q 자장가를 부를 때 조금 더 재미있게 하는 방법은 없을까요?

A 돌림노래 부르기를 해 보세요. 의외로 재미있고, 노래를 부르다가 스르르 잠이 들기도 합니다.

Q 노래를 부르기는 조금 어색한 데 책을 읽어 주면 안 되나요?

A 어두운 조명에서도 읽을 수 있는 글자가 큰 그림책을 읽을 수도 있지만 되도록 이불 속에 폭 파묻혀 낮은 소리로 흥얼거리듯 들려줄 수 있는 동시집을 읽어 보세요. 시에는 운율이 있어 자장가와 비슷한 느낌을 줍니다.

Q 아이가 너무 어리거나 수줍어해서 혼자서 자장가 들려주기가 어려울 때는 어떻게 하나요?

A 먼저 엄마가 자장가를 들려주고, 아이와 함께 한두 번 함께 불러 본 뒤 녹음을 합니다. 녹음한 것을 틀어놓고 엄마와 아이가 나란히 누워 들어 보세요. 누가 먼저 잠드나 내기를 해도 좋겠죠?

> 다른 활동도 할 수 있어요
>
> ★ **갓난아기처럼 엄마에게 안겨서 잠들기**
>
> 갓난아이 때를 생각하며 엄마 품에 안아 주세요. 아이는 엄마의 품속에서 엄마의 사랑을 다시 확인할 수 있습니다.

3 아빠와 몸놀이

아이가 이럴 때 활동하면 좋아요
- 혼자 놀기 지루해할 때
- 아빠와 풍부한 신체 활동이 필요할 때

 어떤 책을 이용할까요?

《아빠는 너를 사랑해!》 (앤드루 클레먼츠 글 | R.W 앨리 그림 | 국민서관)

아이들이 아빠가 자신을 사랑한다고 느낄 때는 언제일까요? 대단한 교훈이나 큰 사건을 통해서가 아닙니다. 잃어버린 신발 한 짝을 찾을 때, 잔소리하지 않고 함께 이리저리 찾아 주는 아빠를 원합니다. 아이스크림을 먹을 때도 녹기 전에 빨리 먹으라고 핀잔 주지 않고 손에 묻은 끈끈한 아이스크림을 닦아 주는 아빠가 진정 멋지다고 느끼지요. 주인공의 아빠는 교훈이 아니라 사랑을 전합니다. 설거지할 때 귀찮지만 옆에서 거들게 하는 아빠를 아이들은 사랑한답니다.

 이 활동을 하면 무엇이 좋을까요?

주인공 아이가 "우리 아빠는 안 그래요"라고 말할 때마다 아이가 느끼는 사랑을 알 수 있습니다. 아이가 얼마나 당당하고 자랑스러워하며 사랑하는지, 가슴이 쿵쾅거리는 소리가 들리는 것 같습니다. 아이들은 엄마나 아빠가 작정하고 마주 앉아 뭔가를 가르치려 할 때보다, 곁에서 묵묵히 기다려 주고 사랑을 느끼게 할 때 더 잘 배웁니다. 작가는 아이의 입을 통해 아이들이 원하는 '안 그런' 어른이 되는 쉽고 가까운 방법을 알려 줍니다.

바쁘다는 이유로 엄마도 아빠도 자칫 아이와 소원해질 수 있습니다. 아이들 눈높이에서 아주 단순하고 간단한 놀이를 함께하면서 사랑을 느끼게 해 주세요. 아이의 연령에 따라 아이와 아빠가 함께할 수 있는 활동은 다양합니다. 2~3세 아이는 다음 쪽에 나오는 사진처럼 목말을 태워 주거나, 둥개둥개 안고 그네를 태워 주거나, 손수건으로 까꿍 놀이를 해도 즐거워합니다. 4~5세 아이는 아빠랑 놀이터에 나가 그네를 타거나 세발자전거를 타며 노는 것을 특히 좋아합니다. 또 아이들은 아빠와 욕조에서 물놀이를 하는 것도 즐거워합니다.

같은 활동을 위한 추천 그림책

《아빠랑 나랑 비밀 하나》 (카타리나 그로스만-헨젤 지음 | 노란상상)
아빠는 아들을 위해 자신이 해적 선장이 되는 판타지 이야기를 만듭니다. 이야기를 하는 과정에서 아빠도 고단한 일상에서 벗어나 위로를 받습니다. 아빠가 퇴근 후에 아이를 무릎에 앉히고 비밀 이야기를 나누는 친구이며, 해적 이야기를 들려주며 아이를 상상의 세계로 이끄는 길잡이 역할을 하는 것이 잘 드러나는 그림책입니다. 이 책을 읽고 아빠와 아이가 함께 해적 놀이를 할 수 있어요.

《내가 아빠를 얼마나 사랑하는지 아세요?》 (샘 맥브래트니 글 | 아니타 제람 그림 | 베틀북)
아빠와 아기가 서로 사랑하는 마음이 아름다운 은유적 표현을 통해 잔잔하게 전해지는 동화입니다. 서로에 대한 자신의 사랑이 얼마나 큰지를 알리고 싶어 하는 마음이 간결하고 정겨운 문장으로 묘사되어 있어 가족애의 소중함을 느끼게 해 줍니다.

🌱 이렇게 진행해 보세요

1 아이에게 그림책을 읽어 줍니다.

2 아이를 둥개둥개 흔들어 줍니다.

3 아이를 목말 태워 줍니다.

4 아이가 좋아하는 장난감으로 서로 머리를 맞댑니다.

5 함께 걸으며 한 번씩 들어 올려 줍니다.

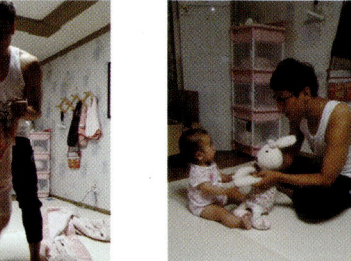

6 아이가 좋아하는 인형이나 도구를 이용해 함께 놀아 줍니다.

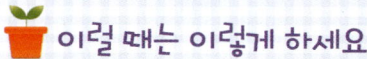 이럴 때는 이렇게 하세요

Q 아빠랑 아이가 노는 것을 아이가 어색해하면 어떻게 할까요?

A 아빠와 함께하는 시간이 많지 않은 아이들은 간혹 그럴 수 있을 거예요. 먼저 자연스럽게 다가간다면 점점 아이가 아빠와 함께하는 것을 편안하게 느낍니다.

Q 책 속의 아빠와 비교하면 어떻게 해야 하나요?

A 솔직하게 아빠의 상황을 이야기해 주세요. 아이가 완벽하게 이해하지는 못해도 어떻게든 아이와 함께하고 싶은 아빠의 마음을 조금씩 알게 됩니다.

다른 활동도 할 수 있어요

★ **아빠와 함께 목욕하기**

아이가 자라면 성교육을 위해 일부러 목욕을 함께 하는 경우도 있지만, 그냥 놀이처럼 아이와 함께 비누 거품 놀이도 하고 물속에서 잠수 놀이도 해 보세요. 물이 주는 편안함과 더불어 서로 살을 맞대고 놀면 아이가 더할 수 없는 안정감과 사랑을 느낀답니다.

4 그네 타기

아이가 이럴 때 활동하면 좋아요
- 바깥 놀이를 싫어할 때
- 그네를 무서워할 때

 어떤 책을 이용할까요?

《그네 타는 암소 무》 (토마스 비스란데르 글 | 로르드퀴비스트 그림 | 사계절)

커다란 암소 무는 그네가 타고 싶어 친구 깜돌이에게 그네를 매 달라고 부탁합니다. 신나게 그네를 타던 암소 무는 농부 아저씨가 오는 소리를 듣고는 멈춰야 하는데 어떻게 멈춰야 할지 몰라요. 그러자 깜돌이가 애가 타서 소리칩니다. "브레이크를 잡아당겨!" 하! 하! 그네에 브레이크가 어디 있더라? 아이들이 처음 그네를 탈 때 느끼는 불안함과 답답함, 그리고 정작 어떻게 그네에서 내려와야 할지 몰라 허둥대는 모습이 잘 느껴집니다.

 이 활동을 하면 무엇이 좋을까요?

그네는 놀이터에서 인기 있는 놀이 기구이기도 하지만 대개 두어 개뿐이라서 아이들이 차례를 기다리느라 줄을 서게 되지요. 친구들 보는 앞에서 바람을 가르며 씽씽 뽐낼 수도 있습니다. 살살 흔들흔들하며 혼자 놀기에도 딱 좋은 그네에 도전하고 싶지만, 그 흔들림이 무서워 시도해 보지 못하는 아이에게 읽어 주세요. 무서움은 잠시 잊고 암소무의 우스꽝스러운 모습을 떠올리며 신나게 그네를 타게 됩니다. 무서워서 그네를 한 번도 타 본 적 없을 것 같은 깜돌이가, 아무도 없을 때 살짝 그네를 타고 있을지도 모른다는 상상을 해 보면 더 재미있지요. 놀이터에 있는 놀이 기구 중 유난히 그네는 어린 시절 향수를 느끼게 합니다. 아이들과 그네를 함께 탈 수 있는 나이는 언제까지일까요? 아이가 자라서 더 이상 그네를 타지 않을 때에도 언젠가 엄마와 함께 타던 그네 옆을 지날 때면 흐뭇했던 어린 시절을 추억하며 행복해할 겁니다.

같은 활동을 위한 추천 그림책

《나도 그네 탈래!》 (기요노 사치코 지음 | 비룡소)
개구쟁이 아기 고양이 아치 시리즈 중의 하나로, 이번에는 혼자만 그네를 타려는 아치의 모습이 앙큼하면서도 귀엽게 그려졌어요. 친구들이 같이 타자고 했는데 아치만 계속 타는 바람에 친구들이 가려고 합니다. 결국 친구들과 함께 그네를 타는 아치의 모습에서 양보하는 마음을 생각해 볼 수 있어요.

《엄마랑 아빠랑 높이 높이》 (우치다 린타로 글 | 모토노부 기미히사 그림 | 길벗어린이)
엄마 아빠와 함께하는 몸놀이를 담은 그림책이에요. 아이들에게 친근한 동물 가족이 나와서 여러 가지 몸놀이를 보여 주지요. 코끼리 엄마랑 아빠가 긴 코로 그네를 만들었어요. "와, 그네다!" 하며 아기 코끼리가 흔들흔들 그네를 탑니다. 원숭이, 기린, 뱀, 고래 가족도 특징을 살려 온몸으로 아이와 놀아 주는 장면들이 나옵니다. 영아기의 아이들이 그림을 보고 해 달라고 하면 쉽게 할 수 있는 몸놀이들이 들어 있어요.

이렇게 진행해 보세요

1 책을 읽어 주고 놀이터에 가서 놀자고 제안한다.

2 처음엔 엄마나 아빠가 먼저 그네를 탄다.

3 아이를 안고 함께 타거나 뒤에서 잡아 준다.

4 아이가 자신감이 붙으면 혼자 타 보게 한다.

🌱 이럴 때는 이렇게 하세요

그네를 그냥 타게 하는 것보다 '꽉 잡아. 엄마가 밀어줄게'라거나 바람 소리 등을 입으로 내며 밀어주면 더욱 좋습니다. 아이들은 조금만 지루하면 금세 흥미를 잃어버립니다. 그네를 타며 다른 생각을 하는 경우도 있습니다. 아이에게 건네는 말은 엄마의 존재를 인식하게 하고, 그네에도 집중하게 합니다. 아이는 엄마의 말을 들으며 그네에 자기의 상상을 덧입혀 놀이를 더 풍부하게 느끼게 됩니다.

다른 활동도 할 수 있어요

★ 갖고 싶은 놀이터 설계하기

요즘은 동네마다 다양한 모습의 놀이터가 있지만 놀이 기구는 그네와 미끄럼틀, 시소 이런 것들이 대부분입니다. 우리 동네에 마음에 꼭 드는 자기만의 놀이터가 있다면 얼마나 좋을까요? 상상만 해도 멋진 나만의 놀이터를 그려 보세요. 이다음에 어른이 되면 진짜 만들 수 있을지도 모르니까요.

5 심부름하기

> **아이가 이럴 때 활동하면 좋아요**
> - 아이들이 집안일을 서로 미룰 때
> - 혼자서 행동하기 두려워할 때

 어떤 책을 이용할까요?

《왜 도와야 하나요?》 (클레어 레웰린 글 | 마이크 고든 그림 | 함께읽는책)

수지는 맏이입니다. 그래서 가끔 엄마나 아빠를 도와야 합니다. 동생 목욕시킬 때, 식사 준비를 할 때나 설거지할 때. 하지만 왜 그래야 할까요? 동생이 장난감을 잃어버려도 엄마는 수지를 부르고, 옆집 친구 벤과 신나게 놀 때나 고양이와 놀려는 순간에도 엄마는 수지를 부릅니다. 이것 좀 해 줄래? 저것도 좀 도와줄래? 수지는 때때로 화가 납니다. 아무도 나를 도와주지는 않고 모두 도와 달라고만 하는 것 같거든요. 만화 같은 그림이 남을 돕는 것의 즐거움을 재미있는 이야기로 받아들이게 합니다.

 이 활동을 하면 무엇이 좋을까요?

어린 동생이 있거나 부모님이 모두 직장 생활로 바쁜 집에서는 흔히 겪는 일입니다. 누구나 도울 때가 있고 도움 받을 때가 있다는 이야기를 하고 있지만, 읽으면서 속이 후

련해지기도 합니다. 또 심부름을 하기 싫어했던 자기 모습을 돌아보면서 바쁜 엄마의 모습도 함께 보게 되지요. 주인공 수지에게 편지를 써서 위로해 주거나, 수지를 대신해 수지의 엄마에게 하고 싶은 이야기가 있다면 쪽지에 써서 냉장고에 붙여 보세요. 아이의 속마음을 알게 됩니다. 작은 쪽지 한 장이 큰 힘이 되는 것은 그 안에 담긴 엄마의 마음 때문입니다. 대화가 서툰 부모, 형제, 친구에게 쪽지 한 장 건네어 마음을 풀어 줄 수 있고 대화의 물꼬를 틀 수 있다면 한번 해 볼 만하겠지요?

같은 활동을 위한 추천 그림책

《왜 나만 시켜!》 (이주혜 지음 | 노란돼지)
유치원에서 돌아와 예쁜 공주로 변신하고 싶은 별이를 엄마는 그냥 두지 않아요. 자꾸 심부름을 시키는 거예요. 막내라고 별이만 시키는 것만 같아요. 칭찬이나 예쁘다는 말도 별이는 왠지 가짜 같다는 느낌을 받아요. 그런 별이의 마음을 헤아려 아빠는 명령이 아니라 부탁하는 마음을 전합니다. 이제 별이는 마음이 풀어져 가족을 기쁘게 해 줍니다. 심부름을 둘러싼 갈등을 소통을 통해 풀어가는 과정이 흥미롭게 이야기됩니다.

《이슬이의 첫 심부름》 (쓰쓰이 요리코 글 | 하야시 아키코 그림 | 한림출판사)
다섯 살 이슬이가 첫 심부름으로 우유를 사러 갑니다. 자전거를 피하고 넘어지며 집 앞에 왔을 때 어머니가 기다리고 있습니다. 심부름을 다 마친 이슬이는 성취감을 느낍니다. 심부름하는 동안 아이의 느낌을 묘사하고 있어요. 두근거리고, 속상해하고, 깜빡 잊기도 하고, 걱정도 하는 아이의 모습이 사랑스럽고 따뜻하게 다가옵니다.

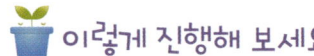 이렇게 진행해 보세요

1 살 것들의 목록과 약간의 잔돈이 남을 만한 돈을 지갑에 넣어 줍니다.

2 가는 길에 주의해야 할 것을 일러 줍니다.

3 원하는 물건이 있는 곳을 찾아봅니다.

4 적어 준 목록에 있는 물건인지 확인합니다.

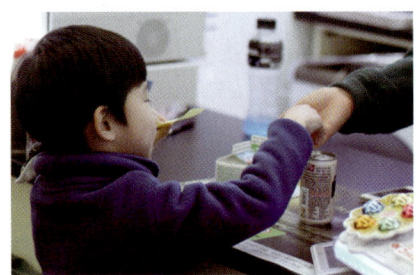

5 물건을 놓고 돈을 냅니다.

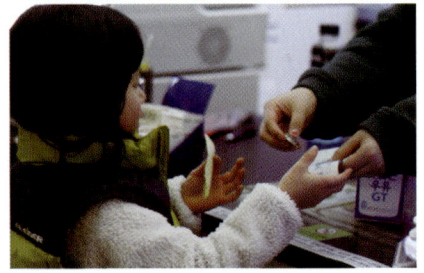

6 물건 값을 제외한 잔돈을 받습니다.

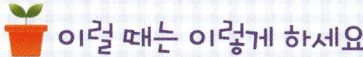 이럴 때는 이렇게 하세요

Q 심부름을 가기 싫어하는 아이에게는 어떻게 해야 할까요?

A 심부름을 하기 싫어하는 것은 심부름이 재미없다고 생각하기 때문입니다. 처음에 너무 어려운 심부름을 시키면 아이가 심부름을 귀찮고 힘든 일로 기억할 수도 있습니다. 재미있고 중요한 일이라고 이야기를 해 주세요. 엄마를 도와주면 엄마가 얼마나 소중하고 고맙게 생각하는지도 알려서 자부심을 키워 주세요.

Q 만약에 잔돈을 잘못 받아 왔다면 어떻게 해야 할까요?

A 가능하다면 엄마와 함께 다시 가서 제대로 계산을 하는 것이 좋겠지요. 심부름을 시킬 때는 되도록 거스름돈이 적게 생기도록 해야 합니다. 아이가 혹시 잘못 받아 왔을 때도 야단치거나 가게 주인을 원망하지 말고, 되풀이되지 않도록 꼼꼼히 알려주고 영수증을 받는 습관을 들이도록 가르칩니다.

다른 활동도 할 수 있어요

★ **말 전하는 심부름하기**

아빠나 엄마에게, 아니면 이웃에 사는 친구에게 말을 전하고 오는 심부름입니다. 어려운 말보다는 재미있는 낱말이 들어간 말을 전하게 해 보세요. 말이 주는 재미가 더해져 아이들과 깔깔거리며 즐겁게 놀 수 있습니다. 예를 들어 '초롱초롱 초롱꽃이 꽃밭에 피었어요', '대롱대롱 빗방울이 꽃잎에 달렸어요'처럼 입말이 주는 재미를 살려 보세요.

6 파마하기

> **아이가 이럴 때 활동하면 좋아요**
> - 야외에 나가서 심심해할 때
> - 엄마 화장품이나 액세서리를 궁금해할 때

 어떤 책을 이용할까요?

《아카시아 파마》 (이춘희 글 | 윤정주 그림 | 사파리)

특별한 놀잇감이나 놀이터가 없던 시절에도 아이들은 즐겁게 놀 줄 알았습니다. 특히 어른들의 세계를 조금씩 탐구하고 궁금해하면서 엄마의 화장대를 기웃거리기 시작하는 아이들의 눈에는 어른들의 모든 것이 흥미진진합니다. 엄마의 꼬불꼬불한 파마머리가 예뻐 보이던 어느 날 동네 꼬마들의 미용실 놀이가 시작되었습니다. 아무것도 아니지만 아이들은 신이 나지요. 뜨거운 젓가락으로 장난치다가 머리카락을 태울 일도 없고 특별한 기술도 필요 없는 소꿉놀이가 한 판 벌어지고 드디어 엄마처럼 예쁜 꼬불꼬불 머리를 갖게 되었네요.

 이 활동을 하면 무엇이 좋을까요?

아카시아 파마를 할 때는 꼭꼭 참아야 합니다. 풀어 보고 싶지만, 어찌 되었나 얼마나 예쁠까 궁금해도 참아야 합니다. 봉숭아 물들일 때와 비슷하지요. 손가락 끝이 간질간질하고 답답하지만 견뎌야 합니다. 그래야 예쁘게 될 거라고 언니들이 말려서 결국 꾹꾹 참고 기다리면 곱게 물든 손톱을 갖게 됩니다. 잎줄기를 이용한 파마는 옛날 옛적 이야기 같지만 지금도 여름이면 누구라도 할 수 있는 놀이라서 더 친근하고 재미있습니다. 아카시아 꽃향기가 온 동네를 감싸고 잎이 무성하게 퍼지면 한번 도전해 보세요. 여름철 조금만 부지런하면 아이와 재미있는 시간을 보낼 수 있고 두고두고 할 이야기가 생깁니다.

같은 활동을 위한 추천 그림책

《살랑살랑 봄바람이 인사해요》 (김은경 지음 | 시공주니어)
숲 속에서 즐겁게 노는 아이들의 모습을 서정적이면서도 생생하게 표현하고 있어요. 봄을 맞이한 숲에서 만날 수 있는 30여 개의 자연물을 종류별로 모아 소개하고, 숲에서 할 수 있는 재미있는 자연 놀이를 알려 준답니다. 꽃을 이용해 팔찌도 만들고, 화관을 만들 수 있어요.

《열두 달 자연놀이》 (붉나무 지음 | 보리)
언제, 어디서나, 누구나, 손쉽게 하는 자연 놀이 365가지가 담겨 있어요. 낙엽을 주워서 엮으면 '왕관'이 되고, 마른 풀대로 까딱까딱 '균형 잡기'도 하고, 도토리랑 솔방울로 '숲 속 동물'들도 뚝딱뚝딱 만들지요.

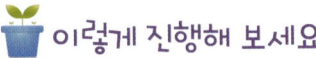 이렇게 진행해 보세요

1 아카시아 줄기 또는 철사가 들어 있는 끈을 준비합니다.

2 묶기 좋게 가운데를 구부립니다.

3 파마를 하기 위해 머리 묶음의 뿌리와 중간을 묶어 주세요.

4 다양하고 예쁘게 파마머리 모양을 만들어요.

5 다 만들고 나면 일정 시간 동안 그대로 둡니다.

6 철사 끈을 푼 다음 머리 모습입니다.

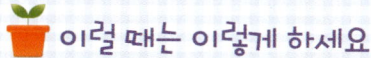 **이럴 때는 이렇게 하세요**

Q 파마가 조금 더 오래가게 하려면 어떻게 해야 하나요?

A 머리를 잘 말린 후 빗을 사용하지 말고 손으로만 빗어 주세요.

Q 아카시아 외에 어떤 나무줄기를 이용할 수 있을까요?

A 잎맥이 굵고 긴 활엽수 종류를 선택해 잘 다듬어 보세요.

다른 활동도 할 수 있어요

★ **옛날 사람들의 화장품과 장신구 조사하기**

화장품박물관 견학을 가면 옛날 사람들은 어떤 도구로 화장을 했는지 한눈에 알 수 있습니다.

■ 서울시 · **코리아나화장박물관**

강남구 신사동에 있는 스페이스 씨(space*c)의 5층과 6층에 자리하고 있습니다. 남녀 화장 도구를 비롯한 화장 용기, 장신구 및 생활 문화에 관련된 유물 300여 점을 전시해 한국 화장의 역사와 문화를 감상할 수 있습니다.

■ 용인시 · **아모레퍼시픽미술관**
　　　　　(Amorepacific Museum of Art)

용인시 기흥에 있으며 세계 최초의 화장품 박물관으로 8,500여 점에 이르는 화장품 관련 소장품들이 전시되어 있습니다.

 그림책 읽고 체험활동하기

아이들에게 더 많은 것을 보여 주고 알려 주고 싶은 것이 부모의 마음이지요. 그래서 고궁이나 박물관, 미술관 등에서 아이들의 손을 잡은 부모님들을 자주 볼 수 있습니다. 간혹 가다가 보면 아이들 손에 책이 들려 있습니다. 유홍준 전 문화재청장이 그랬죠. '아는 만큼 보이고, 보이는 만큼 느끼게 된다'고요. 그래서 아이들이 쉽게 이해할 수 있는 그림책은 체험을 위한 좋은 길라잡이 역할을 하게 됩니다.

《쪽빛을 찾아서》는 예부터 전해 온 천연 염료는 어디에서 어떤 색이 얻어지는지 자세히 보여 주는 책입니다. 쪽빛은 하늘과 바다를 모두 품은 푸른색입니다. 그런데 신기하게도 초록색 풀에서 하늘빛을 닮은 푸른색 염료를 얻을 수 있습니다. 갈옷을 만드는 갈색은 푸릇푸릇하고 떫은 풋감에서 얻어지지요. 주인공 물장이 아저씨가 쪽빛 물감을 만들기 위해 애쓰는 중에 실패하고 좌절하면서 얻어진 아주 놀라운 지혜가 숨어 있습니다.

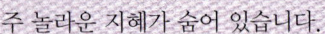

《꿈꾸는 도자기》를 읽다 보면 투박한 진흙이 매끈한 도자기로 만들어지는 과정과 도자기의 종류, 생김새 등을 자연스럽게 알게 됩니다. 아이들은 환상적인 우리 도자기를 탐험해 가며 다채로운 도자기의 세계를 보게 됩니다.

여행에 책이 함께하면 아이들에게 한 차원 다른 독서의 세계가 열립니다. 직접 찾아가서 보고 들으며 체험해 본 아이는 자기만의 살아 있는 지식과 지혜를 갖지요. 공룡의 발자국에 자기 발을 대 본 아이와 사진으로만 본 아이의 마음속에 있는 공룡은 결코 같을 수가 없는 것처럼요.

집을 떠나서 지도와 사진으로만 보던 곳을 여행함으로써 다른 사람이 사는 공간과 세상을 이해하고 보다 넓고 큰 생각을 하게 됩니다. 체험활동을 통해 무궁무진한 책의 세계를 새롭게 발견하고 책에 재미를 붙이게 해 주세요.

① 시골 체험

아이가 이럴 때 활동하면 좋아요
- 나물 반찬을 싫어할 때
- 집 주변에 있는 나무나 풀에 관심을 가질 때

 어떤 책을 이용할까요?

《할머니, 어디 가요? 쑥 뜯으러 간다!》 (조혜란 지음 | 보리)

옥이가 할머니와 함께 사는 동네는 서산 근처입니다. 봄이 되어 온갖 나무와 풀들이 새싹을 틔우는 어느 날, 옥이는 쑥 뜯으러 가는 할머니를 따라갑니다. 어디서나 쑥쑥 잘 자라서 쑥이라고, 정말 쑥이 많습니다. 고소한 쑥전, 고슬고슬한 쑥버무리, 구수한 쑥된장국까지. 온 동네에 쑥 잔치가 벌어지고, 할머니가 만든 동글납작한 쑥 개떡은 쫀득쫀득 맛있는 향기가 온 동네 가득 퍼집니다. 인심 좋은 산골 동네의 봄을 만날 수 있습니다.

 이 활동을 하면 무엇이 좋을까요?

반찬 투정할 때 억지로 먹이려고 하면 아이들은 오히려 엄마가 먹으라고 주는 반찬에 거부감을 갖게 됩니다. 제 손으로 직접 반찬을 만드는 재미있는 놀이를 해 보세요. 색

다른 놀이를 즐기게 되면서 싫어하던 것도 먹게 됩니다. 봄에 나오는 새싹을 뜯어 친구들과 비빔밥 잔치를 열어도 좋고, 쑥을 뜯어 쑥버무리를 해 먹어도 신이 납니다. 채소를 싫어하는 아이들과 읽어 보세요.

길가에서 흔히 만나는 풀들이 훌륭한 먹을거리가 되는 재미난 발견을 하게 됩니다. 시장에 갈 때도 아이를 데리고 가서 갖가지 신선한 채소와 나물들을 보여 주고, 아이 맘에 드는 것을 사 와서 반찬을 만들어 주세요. 봄이 되어 시골 장터에서 만나는 산나물은 향기부터 남다르지만 그 생김생김이 아주 재미있습니다. 새싹들이 자란 후의 잎이나 줄기와는 아주 다르게 생겼다는 것도 알게 됩니다.

같은 활동을 위한 추천 그림책

《꼬물꼬물 일과 놀이 사전》 (윤구병 글 | 이형진 외 그림 | 보리)
산과 들과 바다를 일 년 열두 달로 나누어 보여 줍니다. 매달 꼬물그림이라는 세밀화로 그린 풍경이 등장합니다. 그림에서 궁금한 것은 윤구병 선생님이 쓴 동시를 읽으며 알아 갈 수 있어요. 어른과 아이가 함께 보면서 시골 생활을 함께 이야기 나누기에 좋아요.

《벼가 자란다》 (도토리 엮음 | 김시영 그림 | 보리)
아이의 입장에서 벼를 재배하는 시골 풍경을 묘사하고 있어요. 벼가 자라는 과정과 논에서 발견할 수 있는 풀, 새, 곤충, 동물 등을 볼 수 있어요. 본문 뒤에는 '논농사와 벼의 한살이'를 넣어서 논농사를 한눈에 보여 주고, 여러 가지 쌀과 맛있는 곡식을 함께 설명하고 있습니다.

이렇게 진행해 보세요

1 책을 함께 읽으며 시골 생활을 이야기해요.

2 나물을 캘 수 있는 야외로 가요.

3 가위를 이용해서 쑥을 캡니다.

4 모두 이만큼이나 캤어요.

5 가져온 쑥을 이용해 쑥전을 만들어요.

6 자연의 향기와 맛이 담긴 쑥전을 맛있게 먹어요.

이럴 때는 이렇게 하세요

멀리 나가지 않아도 가까운 공원에서도 쑥이나 여러 가지 먹을 수 있는 풀을 찾을 수 있습니다. 농약을 치거나 자동차 매연이 심한 곳의 풀은 먹을 수 없으니 관찰만 하고, 시장에 나가 쑥을 사는 것도 좋습니다. 찾아보면 의외로 가까운 곳에 재래시장이 있고, 도시를 조금만 벗어나면 5일장이나 7일장이 서는 곳도 많이 있습니다.

Q 봄이 아닌 여름에는 어떤 활동이 좋을까요?

A 시장에 가면 책에서 본 여러 가지 것들을 찾을 수 있습니다. 봄에 돋은 새순을 따서 말려서 파는 나물들을 사서 맛있는 요리를 할 수도 있지요.

Q 캐어 낸 나물로 또 어떤 활동을 할 수 있을까요?

A 삶아서 양념한 후 비빔밥을 해서 먹어도 좋아요.

다른 활동도 할 수 있어요

★ **고사리의 한살이 알아보기**

흔히 먹는 나물 중에서 고사리는 어린잎이었을 때와 다 자랐을 때의 모양이 아주 다릅니다. 고사리의 한살이를 커다란 도화지에 그려 보세요. 밥상 위에서 만나는 고사리는 언제 딴 것인지 알 수 있고, 어쩌다 산에 갔을 때 혹시 고사리의 여러 가지 모습을 발견하는 재미도 있습니다.

② 천연 염색 체험

아이가 이럴 때 활동하면 좋아요
- 흰옷이 누레져서 입기 싫어할 때
- 특별한 선물을 하고 싶어할 때

 어떤 책을 이용할까요?

《쪽빛을 찾아서》 (유애로 지음 | 보림)

고운 하늘과 바다를 닮은 푸른빛 물감을 만들고 싶어 하던 물장이 아저씨는 어떻게 하면 그토록 아름다운 푸른빛을 얻을 수 있는지 여기저기 찾아다니다가 쪽풀 씨앗 한 주먹을 얻어 옵니다. 초록색 쪽풀을 이용해서 고운 쪽빛을 만들기 위해 물장이 아저씨와 아내의 손길이 바쁩니다. 커다란 항아리에 맑은 시냇물을 채우고 쪽풀과 구운 조개껍데기로 만든 가루도 넣습니다. 그런 과정을 거쳐 햇살 좋은 가을날 물장이 아저씨네 마당에는 하늘빛을 꼭 닮은 옷감이 바람결 따라 흔들리며 고운 빛을 자랑하고 있답니다.

 이 활동을 하면 무엇이 좋을까요?

초록색 쪽풀이 푸른 하늘빛을 담고 있다는 것을 옛사람들은 어찌 알았을까요? 우리 주변에 흔한 열매나 풀이 얼마나 고운 빛깔을 품고 있는지 모릅니다. 감이나 포도, 치자처럼 우리 생활에서 쉽게 보는 것들로 염색할 수 있다는 것을 알면 아이들은 무척 신기해하지요. 제 손으로 염색한 옷을 입어 보는 것도 아주 굉장한 경험이 되어 아이들의 생각의 폭을 넓혀 줍니다. 길에는 아스팔트가 깔려 있고 마당이 사라진 시대에 아이들이 느끼는 자연은 가깝게는 화단이나 조금 멀리 공원에나 가야 만날 수 있는 곳입니다. 그래서 풀이나 꽃, 나무, 채소 이런 것들이 조금 생소하고 멀게 느껴지지요. 스마트폰을 항상 쥐고 있으니 민들레가 하얗게 패어 바람에 날릴 때가 되어도 아이들 눈에는 띄지 않습니다. 천연 염색은 이런 아이들에게 자연을 느끼게 해 줍니다. 그냥 평범한 반찬거리였던 양파에서 노란 물이 들고, 버리는 것으로만 알았던 포도 껍질로도 염색을 할 수 있다는 것을 알게 되면 다음에 포도를 먹을 때 조금 다르게 바라본답니다.

같은 활동을 위한 추천 그림책

《구름으로 만든 옷》 (마이클 캐치풀 글 | 앨리슨 제이 그림 | 키즈엠)
구름으로 옷을 만들 수 있는 소년이 있었어요. 어느 날 소년이 구름으로 만든 목도리를 하고 시장에 갔는데, 지나가던 왕이 보고 자신의 목도리를 만들라고 명령합니다. 왕이 점점 욕심을 내어 많이 만들라고 하는 바람에 결국 하늘에 구름이 하나도 남지 않게 됩니다. 물티슈로 구름을 만들어 입을 수도 있고, 물티슈를 염색해서 여러 가지 색의 옷을 만들어 볼 수 있어요.

《한조각 두조각 세조각》 (김혜환 글·그림 | 초방책방)
우리 고유 빛깔과 전통 천을 이용해 만든 숫자 책이에요. 곱고 아름다운 우리 천연 색을 배울 수 있어서, 염색 체험을 할 때 가지고 가기 좋습니다.

이렇게 진행해 보세요

1. 하얀 손수건, 치자, 물, 백반, 고무장갑, 치자를 끓일 수 있는 주전자나 냄비, 커다란 통 등을 준비합니다.

2. 치자를 끓인 후 식힌 물에 손수건을 넣고 골고루 염색이 되도록 주물러 줍니다. (10~30분 동안 담가 둡니다.)

3. 찬물에 명반을 녹인 후, 염색된 천을 넣고 나무젓가락으로 잘 저어 줍니다. (10분 정도 담가 둡니다.)

4. 물기를 잘 뺀 다음 그늘에서 말립니다.

5. 염색된 천에 원하는 그림을 그려 넣습니다.

6. 치자 염색이 된 멋진 손수건이 완성됩니다.

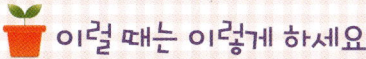 이럴 때는 이렇게 하세요

천연 염색은 지자체나 단체에서 강좌를 개설하는 경우가 많습니다. '얼음박골 쪽빛마을'에 가면 쪽 천연 염색 관련 체험 프로그램에 참여할 수 있습니다.

Q 백반을 꼭 써야 하나요?
A 백반은 염색이 잘되도록 도와주는 역할을 합니다. 약국에서 쉽게 구할 수 있는, 좋은 매염제입니다.

Q 치자는 꼭 노랗게 염색이 되나요?
A 여러 번 염색하면 색이 좀 더 진해질 수 있습니다.

Q 주변에서 쉽게 염색을 할 수 있는 것이, 치자 말고 또 어떤 것들이 있을까요?
A 양파 껍질도 아주 고운 노란색을 낼 수 있는 천연 염색 재료입니다. 여름에는 포도나 풋감을 이용해도 됩니다.

다른 활동도 할 수 있어요

★ 가족이나 친구가 좋아하는 색 알아보기

사람은 누구나 좋아하는 색이 있습니다. 주변 사람들은 어떤 색을 좋아하는지 알아보고 표로 만들어 보세요. 사람마다 성격이 다르듯 좋아하는 색이 다른 것도 알게 되고, 더불어 가족이나 친구들에게 한 번 더 관심을 갖는 기회가 됩니다.

3 도자기 체험

아이가 이럴 때 활동하면 좋아요
- 찰흙 놀이를 좋아할 때
- 그릇을 함부로 다룰 때

 어떤 책을 이용할까요?

《꿈꾸는 도자기》 (김평 글 | 이광익 그림 | 책읽는곰)

두리네 집은 도자기를 만드는 곳입니다. 커다란 항아리도 있고 작고 앙증맞은 그릇도 있지만 두리의 마음을 사로잡은 것은 아름다운 그림의 도자기들이었어요. 심심해하던 두리가 할아버지의 도자기 창고에서 만난 초록빛 여자아이는 신비의 도자기 나라로 두리를 안내합니다. 두리는 학과 함께 너울너울 춤을 추고, 포도 넝쿨에 매달려 출렁출렁 그네도 타면서 시간 가는 줄 모르고 놀다가 엄마 목소리에 현실로 돌아온다는 이야기입니다.

 이 활동을 하면 무엇이 좋을까요?

일터와 집이 같은 공간인 경우 아이들은 바쁜 어른들 사이에서 소외되기도 합니다. 자기도 해 보겠다고 떼를 쓰기도 하지만, 어른들이 돌보지 못하는 시간에 혼자 상상의 세계로 들어가기도 하지요. 혼자 놀아야 할 때 흙은 아이들의 좋은 놀이 재료가 됩니다. 흙은 정서적인 안정감도 줍니다.

놀다가 흙이 잔뜩 묻은 옷을 입고 들어오는 아이를 흙강아지라고 놀리던 모습을 요즘은 보기가 어렵습니다. 이제는 흙 놀이, 모래 놀이도 실내 놀이터에서 해야 하는 시대가 되었지요. 이런 흐름을 다시 자연으로 돌아가라고 강요하기는 어려운 일입니다. 그렇게라도 흙을 만질 수 있어서 감사한 마음도 드니까요. 아이는 손을 조물거려 찰흙으로 뭔가를 빚으면서 마음속 스트레스를 해소하고, 창조의 성취감을 맛봅니다. 흙은 쉽게 부서지는 것이 단점이지만, 만들기도 쉽다는 반전이 있어서 아이들이 부담을 갖지 않아서 더 좋습니다. 더욱이 자기 손으로 빚은 흙이 그릇이 되는 신비로운 도자기 체험을 해 보면 상상력을 자극하는 귀한 경험이 됩니다.

같은 활동을 위한 추천 그림책

《숨 쉬는 항아리》 (정병락 글 | 박완숙 그림 | 보림)
우리 전통 항아리에 담긴 특성을 잘 설명하고 있어요. 제조 과정에서 쓰임새까지 항아리에 관해 배우고, 흙의 효용성도 생각해 볼 수 있습니다. 책을 읽고 항아리 모양의 도자기를 만들어 보세요.

《이야기가 담긴 도자기》 (윤진초 지음 | 이야기꽃)
우리나라 도자기 모양 중에서 흥미로운 모양과 무늬 열한 가지를 골라 그렸어요. 흥미로운 질문에 답해 가며 무늬에 직접 색칠할 수 있게 했어요. 도자기에 들어간 무늬와 모양, 도자기의 이름의 뜻을 가르쳐 줍니다.

이렇게 진행해 보세요

1 도자기 굽는 가마가 있는 곳을 찾아가서 어떻게 도자기를 굽는가를 살펴봅니다.

2 도자기 만들기 체험에 참여합니다. 흙을 반죽하고 원하는 모양을 만듭니다.

3 흙을 양손으로 비벼서 가늘게 만든 후 그릇 형태로 쌓아 올려 만듭니다.

4 손으로 주물러 멋진 작품을 만들 수도 있습니다.

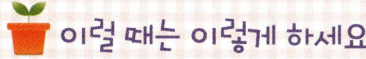 **이럴 때는 이렇게 하세요**

해마다 전국적으로 도자기 축제가 벌어집니다. 도자기 축제 현장에 가면 다양한 체험을 할 수 있습니다. 4월 말경부터 9월까지 개최되는 축제 일정을 살펴보고, 가까운 지역의 도자기 축제에 참가해 보세요. 도자기 만들기 체험을 할 수 있는 공방을 찾아가도 됩니다. 요즘은 반제품 상태의 제품에 그림만 그리면 되는 활동 등 다양한 체험을 할 수 있는 곳이 많습니다.

Q 공방을 찾아가지 않고 도자기를 만들 수 있는 방법은 없나요?
A 집에 마당이 있다면 불을 피운 다음, 찰흙으로 만든 작품을 불에 넣어 구워 보세요. 고온으로 굽기는 불가능하지만 흙을 구우면 단단한 그릇이 된다는 것을 눈으로 볼 수 있습니다. 오븐토(도예토)를 사서 작품을 만든 다음 오븐에 구울 수도 있습니다.

Q 도자기에 그림을 넣고 싶으면 어떻게 해야 하나요?
A 초벌구이 후 그림을 그려 넣을 수도 있고, 잘 말린 후 아크릴 물감으로 그림을 그려 넣고 래커를 칠하면 됩니다.

Q 추천하고 싶은 공방이 있나요?
A 요즘은 개인이 운영하는 소규모 공방이 많아서 쉽게 찾을 수 있고, 백화점 문화센터에도 도자기 체험반이 많이 운영되고 있으니, 상황에 따라 가까운 곳에서 찾아보세요.

다른 활동도 할 수 있어요

★ **도자기 무늬 따라 그리기**

빗살무늬 같은 단순한 것부터 하늘을 나는 멋진 학, 과일, 여러 가지 꽃그림이 들어간 도자기 그림을 보여 주세요. 제일 마음에 드는 그림을 따라 그려 보게 하세요. 나중에 도자기를 직접 만들 기회가 생기면 이때 그린 그림을 그려 넣으면 더욱 좋겠지요.

4 도서관 이용하기

아이가 이럴 때 활동하면 좋아요
- 형이나 누나처럼 학교에 가고 싶어 할 때
- 다양한 책을 알고 싶어 할 때

 어떤 책을 이용할까요?

《도서관에 간 사자》 (미셸 누드슨 글 | 케빈 호크스 그림 | 웅진주니어)

도서관 직원 맥비 씨가 관장님의 규칙을 어기고 뛰어다닙니다. 사자가 나타났기 때문이지요. 어느 날 도서관에 사자가 왔어요. 자료실로 성큼 성큼 들어가더니 이야기 방에 들어가 잠이 들어 버렸지요. 이야기 시간이 되자 사자는 고개를 번쩍 들고 선생님이 이야기를 다 읽을 때까지 그대로 가만히 듣고 있었어요. 사자는 다음 이야기를 기다렸지만 아이들은 하나둘 가 버립니다. 이야기 시간이 끝난 것을 알게 된 사자는 귀청이 떨어질 듯 요란한 소리로 으르렁거렸어요. 왜 그런 걸까요? 그림만으로도 작가의 의도나 등장인물의 대화를 이해할 수 있어요. 다양한 얼굴 표정과 상황 묘사가 아주 재미있습니다.

 이 활동을 하면 무엇이 좋을까요?

으르렁거리거나 뛰지만 않는다면 언제나 환영이지만, 진짜 사자가 도서관에 나타난다면 어떤 일이 벌어질까요? 아이들과 동네 도서관에 갈 때 지켜야 할 예절에 대해 이야기 나누기 좋은 책입니다. 도서관에는 아무나 가도 됩니다. 동네 도서관에는 사자가 나타나지는 않지만 큰 소리로 말하거나 쿵쾅거리며 계단을 오르내리는 사람도 있고, 원하는 것을 얻기 위해 이리저리 성가신 몸짓을 하는 사람들도 있습니다.

이 책을 읽는 아이들은 흥미로운 사자의 행동을 통해 도서관에 가서는 어떻게 해야 할지 배웁니다. 도서관 관장님이나 맥비 씨 그리고 다른 등장인물의 말과 행동에 관해 무엇을 느끼는지 한 번쯤 물어봐 주세요. 원칙을 지키는 것도 매우 중요하지만 결국 이용하는 사람이 없으면 도서관의 건물이나 책은 아무 의미가 없다는 것을 느낄 수 있도록, 가능하면 천천히 책을 읽어 주세요. 지루한 곳이라는 편견을 가진 아이도 도서관에 가 볼 마음이 생길지도 모릅니다.

같은 활동을 위한 추천 그림책

《도서관이 키운 아이》 (칼라 모리스 글 | 브래드 스니드 그림 | 그린북)
주인공 멜빈이 도서관에 있는 책을 통해 생각을 열고 성장해 가는 모습을 그리고 있습니다. 멜빈에게 도움을 주고 고민도 나누는 사서 선생님들도 만날 수 있습니다. 도서관, 사서 선생님과 책들에 대해 좀 더 가깝게 느낄 수 있습니다.

《도서관에 간 여우》 (로렌츠 파울리 글 | 카트린 쉐어 그림 | 사파리)
글을 읽을 줄 모르지만 책을 읽고 싶어 하는 여우와 책을 통해 꿈을 이루려는 생쥐, 또 처음엔 여우 때문에 억지로 책을 읽지만 어느새 책의 세계에 빠져드는 닭을 통해 도서관의 모습을 상상할 수 있게 합니다.

이렇게 진행해 보세요

1 책을 읽고 도서관에서 지켜야 할 예절에 대해서 함께 이야기를 나눕니다.

2 도서관의 이용 방법을 배우고, 그 도서관에 읽고 싶은 책이 있는지 검색해 봅니다.

3 원하는 책을 검색한 후에 책을 찾거나, 책꽂이에서 직접 고릅니다.

4 옆 사람에게 방해되지 않게 함께 책을 읽습니다.

5 집에 가서 읽을 책은 대출 카드를 만든 후 빌립니다.

6 반납일을 기억하고 제 날짜에 반납합니다.

🌱 이럴 때는 이렇게 하세요

도서관에 따라서는 지하철역에 무인 대출기를 설치한 경우가 있습니다. 이 기계를 이용해 대출하고 반납할 수 있습니다. 가까운 도서관에 책이 없다면 다른 도서관에 신청하는 상호대차 서비스를 이용하여 빌릴 수도 있습니다.

Q 원하는 책이 없는 경우에는 어떻게 해요?
A 책이 아예 없는 경우에는 도서관에 구매 신청을 하면 절차에 따라 구매해 주기도 합니다.

Q 도서관의 서가는 어떻게 구성되어 있나요?
A 어린이 서가도 십진분류로 되어 있습니다. 그림책은 부모님과 아이가 함께 볼 수 있도록 별도로 구성되어 있어요.

Q 어린이 십진분류표를 알려 주어야 할까요?
A 아니요. 십진분류는 공공과 학교가 서로 조금씩 다르기도 하고, 특별히 어린이라고 해서 따로 알려 주기보다는 공공도서관의 분류 체계를 알려 주는 것이 좋습니다.

Q 도서관에서 그림책을 읽어 줄 수 있나요?
A 공공도서관에는 대부분 어린이열람실이 있고, 유아용 그림책을 따로 두고 읽어 줄 수 있는 공간을 마련해 둡니다.

Q 도서관에서는 책 읽어 주는 사람이 있나요?
A 대개 자원봉사로 운영되는 책 읽어 주는 시간이 있습니다. 도서관마다 다르니까 가기 전에 미리 시간을 확인하세요.

다른 활동도 할 수 있어요

⭐ **마주 이야기**

"우리 동네 도서관에 사자가 나타나면 어떻게 할래?" 하고 물으면 아이는 어떤 대답을 할까요? 아이가 말하는 그대로 받아 적어 보세요. 아이들의 순수한 생각 그대로 말할 수 있게 해 주세요.

5 자연사박물관 견학

아이가 이럴 때 활동하면 좋아요
- 자연사박물관 견학을 갈 때
- 아이에게 자유로운 상상력을 기대할 때

 어떤 책을 이용할까요?

《공룡을 지워라》 (빌 톰슨 글·그림 | 어린이아현)

비 오는 날 공원에 나간 아이들은 신기한 가방을 발견합니다. 가방 안에는 색색의 분필들이 담겨 있고, 분필을 꺼내 그림을 그리니 놀라운 일들이 벌어집니다. 공원 바닥에 해를 그리니 비가 그치고, 나비를 그리니 나비가 살아서 날아갑니다. 아이들이 그린 공룡이 살아 움직이자 아이들은 무서움에 어쩔 줄 몰라 도망칩니다. 도망가던 아이가 그림에서 공룡을 지우니 공룡은 갑자기 사라지고 아이들은 무사히 집으로 돌아갑니다. 작가는 아이들의 마음속 상상의 세계를 현실 세계와 연결해 주는 고리로 공룡을 등장시켜 그럴듯한 이야기를 만들어 들려줍니다.

 이 활동을 하면 무엇이 좋을까요?

장마철 집 안에서 놀아야 하는 아이들은 바깥 놀이를 하지 못해 심심해하지요. 그럴 때 커다란 도화지에 이런저런 그림을 그리며 이야기를 만들어 보세요. 책을 읽고 아이가 공룡을 궁금해한다면 함께 자연사박물관을 찾아가 공룡을 만나게 해 주세요. 실제로 우리나라에는 공룡 발자국이나 화석을 볼 수 있는 지역이 많이 있습니다. 방문 계획을 세울 때 책에서 알게 된 내용을 실제 체험할 수 있도록 해 주면 문자에 생명이 불어넣어집니다.

아이들에게 공룡을 좋아하는 이유를 물어보면 '힘세요', '멋있어요' 등의 대답을 합니다. 상상으로 만나는 공룡과 함께 아이들은 마음속에서 무궁무진한 모험을 펼치며 이야기를 꾸며 갑니다. 자연사박물관에 가서 우리가 발 딛고 선 땅에서 그 큰 공룡이 살았다는 것을 생각하면 정말 신기해합니다. 공룡을 직접 만나 보고 싶어질지도 모릅니다. 고생물학자가 되어 공룡 연구를 하고 싶을 수도 있고요. 판타지 모험 소설을 쓰는 작가가 되는 꿈을 꾸지는 않을까요? 체험은 호기심과 꿈을 키워 주는, 오감을 만족시키는 교육입니다.

같은 활동을 위한 추천 그림책

《이상한 자연사 박물관》 (에릭 로만 지음 | 미래아이)
박물관이라는 현실과, 공룡의 시대인 상상의 세계를 오가는 내용으로, 글이 없는 그림책입니다. 영화처럼 공룡을 먼 곳에서 가까운 곳으로 보게 하여 공룡이 살던 세계에 가 있는 듯 착각을 일으킵니다. 그림을 보면서 다양한 상상을 할 수 있기 때문에, 이 책을 읽고 자연사박물관을 간다면 더욱 풍부하게 느낄 수 있습니다.

《고 녀석 맛있겠다》 (미야니시 타츠야 지음 | 달리)
아기 초식 공룡인 안킬로사우르스는 태어나서 아빠를 찾아다닙니다. 그런데 갑자기 티라노사우르스가 "고 녀석 맛있겠다" 하며 군침을 흘리는 거예요. 그때 안킬로사우르스가 "아빠 무서웠어요" 하며 매달립니다. 아기 공룡은 자기 이름이 '맛있겠다'이고, 티라노사우르스가 아빠인 줄 안 거지요. 아이들은 이 책을 보며 귀여운 공룡에 깔깔 웃으며 실제 공룡을 만나러 가고 싶어집니다.

🌱 이렇게 진행해 보세요

1 책을 읽으며 공룡을 어떻게 만들어 볼까 생각합니다.

2 자연사박물관이나 공룡 테마공원을 찾아갑니다.

3 공룡 인형을 가지고 놀아 봅니다.

4 공룡 퍼즐을 맞춰 봅니다.

5 입체 공룡을 만들 수 있는 종이 모형에 색종이를 입힙니다.

6 나만의 공룡을 멋지게 만들어 봅니다.

이럴 때는 이렇게 하세요

우리 집에서 가장 가까이 있는 자연사박물관이나 공룡박물관을 검색하여 위치를 확인하고, 언제 열고 체험할 수 있는 프로그램이 있는지 확인해 주세요. 예약이 필요한 지 확인하고 출발합니다. 갈 때는 관련 분야 책과 메모할 수 있는 작은 수첩을 챙기고 카메라를 준비하면 기록하는 데 도움이 됩니다.

Q 실제 공룡 화석을 볼 수 있는 곳은 어디일까요?

A 고성공룡박물관 museum.goseong.go.kr
(경상남도 고성군 하이면 자란만로 618 / 055-832-9021 / 이용 시간 : 평일 09:00~18:00)
공룡 발자국 화석들이 잇달아 발견되면서 고성군 하이면에 만들어진 공룡박물관. 중국, 캐나다, 일본에 이어 세계에서 4번째로 세워진 고성공룡박물관에는 실제 공룡 화석이 전시되어 있습니다.

다른 활동도 할 수 있어요

★ **공룡 그리기**

유아기나 초등학생 저학년 남자아이들은 공룡을 무척 흥미로워하고 좋아합니다. 공룡의 이름과 특징을 술술 외워서 마치 공룡 박사가 된 것처럼 주변 어른들에게 설명하지요. 이 시기의 남자아이들에게 스케치북에 공룡에 관한 그림을 그리고 아는 대로 설명을 덧붙여 보게 하세요. 책을 좋아하지 않는 남자아이가 독서에 대한 흥미를 느끼게 할 수 있습니다.

6 우리 동네 지도 만들기

아이가 이럴 때 활동하면 좋아요
- 새로운 마을로 이사했을 때
- 가족 여행을 갈 때

 어떤 책을 이용할까요?

《북적북적 우리 동네가 좋아》 (리처드 스캐리 지음 | 보물창고)

동네에는 아침부터 밤까지 북적북적 많은 사람들이 바쁘게 움직입니다. 동네 사무실, 병원, 도서관, 우체국, 음식점……. 어딜 가나 사람이 넘쳐 납니다. 그곳에서는 어떤 사람들이 무슨 일을 하고 있는 걸까요? 하루 종일 북적북적 붐비는 동네 상점들은 또 어떤 물건을 팔고 있을까요? 다양한 사람들이 다양한 모습을 하고 함께 살아가는 우리 동네 모습이 자세히 담겨 있어요.

 이 활동을 하면 무엇이 좋을까요?

아이와 함께 책 속의 동네와 우리 동네가 어떤 것이 다르고 무엇이 같은지 이야기 나눠 보기 좋은 책이에요. 아이와 함께 산책하며 무심하게 지나쳤던 건물이나 장소를 세세히 살펴봅니다. 그곳에서 일하는 이웃들과 이야기를 나누고 상점에 진열된 물건들도 살펴보면서 평소와는 다르게 우리 마을을 꼼꼼히 보고 집으로 돌아와서 우리 동네 지도를 만들어 볼 수 있어요. 옛말에 '입이 서울'이라고 했습니다. 물어물어 찾아가면 못 갈 곳이 없다는 말이지요. 그런데 요즘 사람들은 묻기를 꺼립니다. 타인에게 말 걸기가 쉽지 않은 세상이니까요. 아이와 함께 동네 한 바퀴를 돌면서 동네 구석구석 돌아보고 만든 동네 지도는 새로 이사 온 이웃에게 아주 유익하겠죠?

여행지에서 지도를 만들 때는 주변을 대충 훑어보면 안 됩니다. 그러니 꼼꼼히 보고 메모를 하게 되지요. 지도는 무엇보다 정확해야 하니까 아이에게는 나름대로의 의무감도 생깁니다. 동네 지도를 만들면 '사방팔방'이 무슨 말인지 직접 발로 뛰며 알게 됩니다. 평면의 종이 위에 둥근 지구를 어떻게 그릴 수 있을까요? 지도 만들기를 해 본 아이는 이미 몸으로 알고 머리로도 이해하고 있을 겁니다.

같은 활동을 위한 추천 그림책

《초롱이와 함께 지도 만들기》 (로렌 리디 지음 | 미래아이)
주인공 미나가 자신이 기르는 강아지 초롱이를 위해 만드는 재미있는 지도 이야기를 담고 있어요. 직접 지도를 만들면서 자연스럽게 지도를 만드는 법, 지도 위에 그려진 기호 읽는 법, 지도를 활용하는 법 등 지도와 관련된 다소 어려운 개념을 배울 수 있어요.

《지각대장 존》 (존 버닝햄 지음 | 비룡소)
늘 지각하는 존. 학교 선생님이 왜 늦었느냐고 할 때마다 이러저런 이유를 대지만, 선생님은 거짓말이라고 생각하며 더 큰 벌을 줍니다. 아이들이 학교나 유치원에 가는 길을 지도로 그리며 재미있는 상상을 할 수 있어요.

이렇게 진행해 보세요

1 아이와 함께 책을 읽고 우리 동네에는 무엇이 있나 함께 이야기를 나눕니다.

2 메모장과 필기도구를 준비해서 약국, 편의점, 공원을 찾아가 봅니다.

3 빵집과 도서관도 함께 가 봅니다.

4 아이와 함께 어떻게 지도를 그릴지 이야기를 나눕니다.

5 초기 구상을 함께 잡았으면 아이가 스스로 마무리하게 합니다.

6 멋진 마을 지도가 만들어졌습니다.

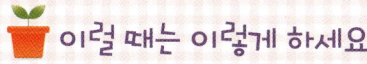 **이럴 때는 이렇게 하세요**

아이와 함께 동네를 산책하면서 중요하거나 기억에 남는 사람이나 장소를 미리 이야기하면 아이가 지도를 만들 때 도움이 됩니다.

Q 지도를 만들며 마을을 돌아보는 것은 어떤 효과가 있을까요?

A 4~5세가 되면 아이들은 집 안보다는 바깥에서 노는 데 더 흥미를 느낍니다. 마을에 있는 놀이터에서 새로운 또래 친구를 만나고, 마을 상가 꽃집 아주머니랑 인사도 나누며 세상의 신기한 물건과 장소, 사람에게 한 걸음 한 걸음 다가갑니다. 마을의 이곳저곳을 만나고 그리는 동안 아이는 정서적으로 안정된 사회성과 상상력을 기르게 됩니다.

Q 지도를 만들 때 어느 정도까지 부모가 해 주어야 할까요?

A 아이가 주도하고 부모는 보조적인 역할을 하는 것이 좋습니다. 물론 아이가 부탁한다면, 마을 모습에 관해 함께 이야기하며 부모님이 그려 주는 것도 나쁘지 않겠지요.

Q 그림을 어떻게 그리도록 안내해야 할까요?

A 큰 전지에 방향을 잡고 길을 만든 뒤, 사는 집을 중심으로 가까운 곳에서 시작해서 하나씩 주변 건물을 그리면 됩니다.

다른 활동도 할 수 있어요

★ **내가 사는 도시의 관공서의 위치와 역할 이야기 나누기**

아이와 마을 관공서나 주요 건물의 위치와 그곳에서 하는 활동을 이야기 나눕니다. 예를 들어 주민센터나 보건소, 우체국, 소방서 등의 역할과 중요성을 이야기해 줍니다.

7 동물원 나들이

아이가 이럴 때 활동하면 좋아요
- 동물 그림을 좋아할 때
- 동물에 흥미를 갖기 시작할 때

 어떤 책을 이용할까요?

《책이 정말 좋아!》 (주디 시라 글 | 마크 브라운 그림 | 큰북작은북)

도서관 사서인 몰리는 어느 날 실수로 이동도서관 차를 동물원으로 몰고 갑니다. 동물원에서 몰리가 책 읽는 모습을 본 동물들은 처음에는 관심이 없지만 차차 흥미를 느끼며 모두 책 읽기의 즐거움에 빠져듭니다. 기린에게는 기다란 책을, 해달에게는 방수 책을 찾아 주자 동물들은 자기가 좋아하는 책을 마음껏 읽게 되었답니다.

 이 활동을 하면 무엇이 좋을까요?

아이들이 부모와 함께 동물원이나 놀이공원에 가는 것을 손꼽아 기다립니다. 대개 동물을 보면 아주 즐거워하고, 특히 동물의 새끼는 더욱 친근하게 느끼며 만져 보고 싶어 하지요. 동물원 나들이는 아이들에게 일종의 판타지 세계로의 여행입니다. 그동안 TV나 책 혹은 이야기로만 듣던 동물을 직접 눈으로 볼 수 있으니까요. 우렁차게 포효하는 사자의 멋진 갈기가 바람에 흩날리는 모습, 기린의 새카맣고 긴 혀도 보입니다. 책을 읽고 동물원에 가면 동물의 생각이나 느낌 등을 상상하며 동물을 볼 수 있기 때문에, 관찰이 더 풍부해집니다. 눈먼 일곱 마리 생쥐가 코끼리를 제각각 만져 보고 기둥이다, 아니야 밧줄이야, 하면서 다투었다는 이야기처럼 코끼리가 정말 그렇게 큰지, 펭귄은 정말로 두 발로 걷고 수영도 잘하는지 보여 주세요. 즐거운 나들이 한 번이 아이의 생각의 크기를 키워 줍니다.

같은 활동을 위한 추천 그림책

《동물원 가는 길》 (존 버닝햄 지음 | 시공주니어)
자려고 누운 실비의 눈에 침실 벽 쪽으로 문 하나가 보입니다. 실비가 문을 열고 들어가자 그곳에는 코끼리, 코알라, 곰, 펭귄처럼 평소에는 잘 보지 못하는 동물들이 옹기종기 모여 있어요. 집으로 돌아가야 할 때면 작은 동물을 하나씩 데리고 갑니다. 동물을 좋아하고 자기만의 비밀을 간직하고 싶어 하는 아이의 마음이 잘 담겨 있는 그림책입니다.

《똑똑한 동물원》 (조엘 졸리베 지음 | 바람의아이들)
400마리의 동물을 아이들의 눈높이에 맞게 무늬가 있다, 엄청 크다, 엄청 작다, 깃털이 달렸다, 뿔이 달렸다 등의 기준으로 분류해서, 아이들이 쉽게 동물을 구분할 수 있게 합니다. 분류를 생각하며 동물원에 간다면 아이들은 훨씬 많은 이야기를 마음에 간직할 거예요.

이렇게 진행해 보세요

1 책을 좋아하는 동물들은 어떤 동물들인지 함께 읽어 봅니다.

2 같은 부류의 동물들을 함께 볼까요? – 나무늘보

3 나무늘보와는 다른 침팬지는 어떤 모습일까요?

4 호랑이는 어떤 특성을 가지고 있을까요?

이럴 때는 이렇게 하세요

지역에서 가까운 동물원을 알아보고 아이의 연령에 맞는 동물원을 선택하여 견학합니다. 동물원을 갈 때에는 위의 책도 좋지만 다양한 동물도감이나 동물 관련 책을 함께 읽고 가도 좋습니다.

동물원 나들이를 갈 때는 먹이를 주거나 직접 만져 볼 수 있는 아기 동물이 있는지 미리 알아보고 가야 합니다. 시간이 정해져 있거나 미리 신청한 사람에 한 해 체험의 기회를 주는 경우가 있으니까요. 평소 좋아하는 동물이 있다면 제일 먼저 찾아볼 수 있도록 동물원 안내도를 검색해서 관람 계획을 세우는 것도 좋겠지요. 동물원마다 차이는 있지만 다양한 체험의 기회를 제공하고 있으므로 어디서 어떤 동물을 보게 될지 알아두어야 합니다.

다른 활동도 할 수 있어요

★ 도서관에서 동물 책 빌려 보기

부모 입장에서 나이가 어린 아이를 데리고 동물원에 가는 것은 무척 힘이 듭니다. 이럴 때는 도서관에서 동물 관련 책을 빌려 읽어 주는 것도 좋습니다. 유아기에는 일정한 기간 동안 자신이 좋아하는 사물이나 주제에 몰두하는 경향이 있습니다. 부모님은 다양한 도서를 읽도록 권하지만, 좋아하는 책을 반복적으로 읽는 것도 유아기 독서의 특징입니다. 때문에 아이가 한 분야나 주제에 대한 관심이 생기면, 그 분야의 책을 다양하게 읽히는 것도 독서 습관에 긍정적인 영향을 미칩니다. 동물 관련 책을 많이 읽는다고 걱정하지 말고, 아이가 그 분야에 대한 호기심을 충족하고 나서 다른 책을 읽고 싶어질 때까지 기다려도 괜찮습니다.

초판 1쇄 인쇄 2015년 11월 10일
초판 2쇄 인쇄 2019년 4월 29일

지은이 권미숙, 조정연
펴낸이 박옥균
편집 오혜나
편집디자인 김민경
인쇄·제본 천일문화사

정가 15,000원
ISBN 9788996484059 03370
쪽수 276쪽

펴낸곳 리더스가이드
출판등록 2010년 7월 2일 제313-2010-201호

- 이 책의 판권은 지은이와 출판사에 있습니다.
- 이 책의 전부 또는 일부를 사용하려면 양측의 서면 동의를 받아야 합니다.

국립중앙도서관 출판예정도서목록(CIP)

그림책 독후활동 / 지은이: 권미숙, 조정연. — [서울] : 리더스가이드, 2015
  p. ;   cm

ISBN 978-89-964840-5-9 03370 : ₩15000

독서 교육[讀書敎育]
그림책[—册]

029.8-KDC6
028.5-DDC23   CIP2015029696